斉藤英治

すごい速読術

ひと月に50冊本を読む方法

ソフトバンク文庫

NF

プロローグ

速さを競う時代から、より実践的な速読へ

情報環境が激変するなか、短時間で、より多くの情報を消化する方法が求められている。

速読の世界にかぎれば、これまでに二つの大きな流れが生まれている。

一つは韓国のキム氏が開発した「右脳速読術」である。

このキム式右脳速読術は、東洋の精神統一法や呼吸法などを取り入れた速読術で、多少形を変えて日本にも導入されているが、何よりもイメージで瞬間的に多くのものを把握するので、読書スピードは非常に速い。1分間何十ページ〜1冊などとやたらに派手だ。しかし、実際にビジネスに必要な資料を読んだり、医師や研究・技術者な

どが専門書に速く目を通すことが要求されている場合、この右脳式では、理解力、分析力においてやや難点があった。

私自身、今から約二十数年前、一九八六年頃このキム式速読術が日本にやってきた当時はすぐに関心をもち、1分間＝1万字、10万字などに挑戦した。夜間の速読学校にも通い、ボランティアながら、速読の初代講師の免状を取得するまでになった。

しかし、このようなスピードだけを重視する右脳式にはついていけず、やがて、速く読むだけでなく内容も正確に読み取れる、より実用的な方法を模索するようになった。

こうして出会ったのが、「欧米式速読術」である。

欧米式速読術（スピード・リーディング）は、非常に科学的な手法で、右脳と左脳の両方をバランスよく使用した、いわば全脳速読術である。もともとは、ルネッサンス期のフランスで発見された視点移動の原理を基本にしたもので、その後、アメリカにおいて分析・研究が重ねられて、現在のような、実践的で戦略的なものへと発展していった。

今ではアメリカの大学の正規科目として教えられ、エリート・ビジネスパースンが実践的に使用しているものでもある。頂点にいるアメリカ大統領までが学んでいるほどだ。たとえば、ケネディ大統領の4倍速速読術は有名だし、また、カーター大統領は、ピーナツ農場の経営者から大統領になってのちに速読術を学び、ホワイトハウスに速読の講師を呼んで、読む速度が2〜4倍に上昇したという。この欧米式速読術については、本文で詳しく説明するが、このようなすばらしい方法が、なぜもっと早く日本に知らされなかったのか残念に思っている。

日本が誇るQC技術を読書に導入

そして、さらに第三の速読術の流れがある。

それは日本が誇る効率的QC（クォリティ・コントロール＝品質管理）生産技術を、知的生産技術である読書に応用した日本型QC速読術である。

といっても、筆者が約20年前に開発した速読術なので、自分から第三の流れなどというのは少しおこがましいが、この方法を一九八八年に『月に50冊読める速読術』（徳間書店）として出版したときには、科学的速読術パイオニアとして多少ブームを呼び、ベストセラーともなった。各全国紙にも取り上げられたので、ささやかながら、新しい流れの一つといえるだろう。

実は研究や執筆、大学教授の業に携わる以前、私は大手製薬会社のQCや情報処理の責任者として、工場で生産する医薬品を「いかに品質よく大量に生産し、効率的に維持するか」という課題を日夜追求していた。

ご承知のように製薬会社とは、人間の体内に取り入れる医薬品をつくる関係上、日本の産業界の中でも、とくに高度で純粋な品質の製品を生産する技術が求められる。しかも、錠剤のように1日に何百万錠といった商品を大量に生産しなければならない。人間の生命を左右するだけに欠陥品や不良品は少量でも許されない世界だ。

そんな常に緊張感が伴う仕事が続いた時期のことである。このまま仕事人間になってしまっては自分がダメになる、と危機意識が芽生えた私は、こころを豊かにし、もっとゆとりをもった生き方をするためにも、多くの本を読みたいと思うようになった。さらに、せっかく身につけたQＣや情報処理の技術を、仕事だけでなく、知的生産技術である読書に応用できないかと考えるようにもなった。

現在でもそうだが、日本のQＣ生産技術は世界でも最高水準にある。この技術があってこそ、これまで質の高い製品を大量に世界に供給することができた。大量の本（情報）を高品質（高い理解度）で処理するのも、実はQＣ原理と同じではないか。

そこで生まれたのが、日本型QＣ速読術というわけである。

スピード・理解・実績……三拍子揃った速読術

本書で紹介する速読術は、これら三つの流れ（右脳型イメージ式、欧米型実践式、日本型QC式）を踏まえ、それぞれの優れた特長を活かしつつ、さらに速読・速解・即成果が出るよう改良した速読術である。

いずれも筆者の実践経験と理論に基づく、実践・実用的な技術であり、しかもその大半を、通勤中の満員電車や歩行時間などの半端な時間に完了してしまおうというものだ。もちろん、こうした不利な環境でも成果を上げられる技術ということは、それ以上の良い環境（自宅の書斎など）では、さらに効果を上げられるだろう。

筆者もこの速読法を実践したお陰で、かぎられた時間の中でより多くの本を読めるようになり、幅広い知識を獲得し、その成果として、多数の論文や、私の研究テーマである「心身健康と脳科学」に関する三十数冊の本をまとめることができた。また、知的な実績が認められて大学教授になることができた。

本書が、読者のみなさんにとって、到来しつつあるＩＴ高度情報化時代の波を上手に乗りきるための一助となることを願っている。

２００８年６月

目次

第1章

速読術を始める前に

1 あなたは旧式の読み方をしていないか

激変する情報構造に対応する速読術

現代の情報構造は、年々、著しく変化している。IT革命、メディア環境の進歩・発展など理由はいくらでも考えられるが、たとえば、出版関係の状況を見てみよう。『本の年鑑』（2006年版）によれば、2005年の1年間に出版され店頭で販売された新刊書の出版点数は6万1000点。これは、1週間あたりに換算して1170冊、毎日なんと167冊近くの新刊書が出版されていることになる。

ところが、こうした変化に対応することなく、日本では小学校から大学まで、相変わらず旧時代＝年間数十～100冊しか出版されなかった明治の頃の読書術しか教えていない。

これでは、激増する情報にとまどい、情報の洪水に飲み込まれるばかりか、書籍の面白さ、有益さを見い出すことなど、とうていできないだろう。昨今、いわゆる書籍離れが起こっているのもこんなところに原因があるのかもしれない。

現代人が犯す三つの過ち

一般的に現代の情報構造に対応できない人は、次のような誤解をしている。

①一語一語を同じ調子で読まなければならないという誤解

私たちは小学校の国語の朗読から始まって、教科書を一語一語正確に同じ調子で読まなければならないと習ってきたため、読書をしても一字一字を目で追ってしまう。

②一語一語正確に理解しなくてはならないという誤解

理解できないことがあれば、学校の先生から何度もやり直せといわれた。とくに文学的文章の詳細な読解に偏りがちな教育を受けた人は、なかなか読み飛ばすことができない。

③一語一語記憶して読まなくてはならないという誤解

試験問題に出るところばかりしっかり記憶したり、全部を把握しようと網羅的、知識偏重的な学習を続けてきたことで、かえって重要な部分を見落としてしまう。

こうした誤解に気づかないことが、読書速度を非常に遅くしているのだ。

もちろん、小説や詩集のように急ぐ必要のないものもある。専門書や難解な図書を読むなら何度も目を通すことも必要だろう。しかし、旧式の読書法では、一度に何十ページも読むことはできない。

情報が洪水のようにあふれ、次から次へとめまぐるしく状況が変化しているような時代では、狭い分野を深く読むことも大切だが、同時にどれだけ広い範囲の情報をカバーしているかも重要になってくる。読む範囲が狭いために、自分にとって貴重な情報を見落とす場合があるからだ。

あなたは、どんな読み方をしているだろうか。

2 読書スピードを妨げる四つの習慣

突然だが、ここであなたの読書スピードを測ってみよう。

次ページに簡単なテキストがあるので、最初から最後まで全文を読んで、どのくらいの時間がかかるか測ってみる。これから速読術を身につけるうえでも、あなた自身が今どのくらいの速さなのかを知る目安になるだろう。

ただし、あくまでも自然に、ふだん読んでいるように、ラクな状態で臨んでほしい。

読書スピードの計算のしかた

①ストップウォッチか秒針のある時計を用意する。

②テキストの全文を読み、終わったところでかかった時間を「秒数」で出す。

③総文字数を所要時間（秒数）で割り、1秒あたりの速度を算出し、60をかけて分速を出す。

読書スピード（分速）＝テキストの総文字数÷読書所要時間（秒数）×60

それでは、深呼吸をしてスタート！

●読書スピードを測る❶（総文字数1232字）

私《わたくし》はその人を常に先生と呼んでいた。だから此所《ここ》でもただ先生と書くだけで本名は打ち明けない。これは世間を憚《はば》る遠慮というよりも、その方が私にとって自然だからである。私はその人の記憶を呼び起こすごとに、すぐ「先生」と云いたくなる。筆を執っても心持は同じ事である。余所々々《よそよそ》しい頭文字《かしらもじ》などはとても使う気にならない。

私が先生と知り合いになったのは鎌倉である。その時私はまだ若々しい書生であった。暑中休暇を利用して海水浴に行った友達から是非来いという端書《はがき》を受け取ったので、私は多少の金を工面して、出掛ける事にした。私は金の工面に二三日《にさんち》を費やした。ところが私が鎌倉に着いて三日と経たないうちに、私を呼び寄せた友達は、急に国元から帰れという電報を受け取った。電報には母が病気だからと断ってあったけれども友達はそれを信じなかった。友達はかねてから国元にいる親達に進まない結婚を強《し》いられていた。彼は現代の習慣からいうと結婚するにはあまり年が若過ぎた。それに肝心の当人が気に入らなかった。それで夏休みに当然帰るべきところを、わざと避けて東京の近くで遊んでいたのである。彼は電報を私に見せてどうしようと相談をした。私にはどうして可《い》いか分からなかった。けれども実際彼の母が病気であるとすれば彼は固《もと》より帰るべき筈《はず》であった。それで彼はとうとう帰る事になった。折角来た私は一人取り残された。

学校の授業が始まるにはまだ大分日数《だいぶひかず》があるので、鎌倉に居っても可《よ》し、帰っても可いという境遇にいた私は、当分元の宿に留《と》まる覚悟をした。友達は中国のある資産家の息子で金に不自由のない男であったけれども、学校が学校なのと年が年なので、生活の程度は私とそう変わりもしなかった。従って一人坊《ぼ》っちになった私は別に格好《かっこう》な宿を探す面倒も有《も》たなかったのである。

宿は鎌倉でも辺鄙《へんぴ》な方角にあった。玉突だのアイスクリームだのというハイカラなものには長い畷《なわて》を一つ越さなければ手が届かなかった。車で行っても二十銭は取られた。けれども個人の別荘は其処此所《そこここ》にいくつでも建てられていた。それに海へは極《ごく》近いので海水浴を遣《や》るには至極便利な地位を占めていた。

私は毎日海へ這入《はい》りに出掛けた。古い燻《くす》ぶり返った藁葺《わらぶき》の間を通り抜けて磯《いそ》へ下りると、この辺にこれ程の都会人種が住んでいるかと思う程、避暑に来た男や女で砂の上が動いていた。ある時は海の中が銭湯の様に黒い頭でごちゃごちゃしている事もあった。その中に知った人を一人も有たない私も、こういう賑《にぎ》やかな景色の中につつまれて、砂の上に寝そべって見たり、膝頭《ひざがしら》を波に打たして其所いらを跳《は》ね廻るのは愉快であった。

私は実に先生をこの雑沓《ざっとう》の間《あいだ》に見付出したのである。（夏目漱石著『こころ』新潮文庫より）

いかがだっただろうか。

あなたの読書スピードはどのくらいだっただろうか。

筑波大学名誉教授の佐藤泰正氏らの調査研究によれば、特別なトレーニングを行なわない場合、日本人の平均的な読書スピードは表のように500字前後という結果が出ている。

一般に、日本語がうまい外国人で300字程度、ふだんの読書量が多い人で800字程度、事務処理が多いビジネスマンや文字に接することが多い職業の人で1500字程度というデータもある。

もちろん、結果が自分の予測より少し遅いと思っても、こうしたテストは初めてで慣れていない面もあると思うので、気にする必要はない。これからの進歩の度合いを知るための土台と考えてほしい。

音読の習慣を捨てること

読書は知的作業であるから、本の内容がやさしければ、それだけ読書スピードは速くなるし、内容が技術的で難解なものであれば、それだけ読書スピードは遅くなる。

また、自分が興味があったり、知識を豊富にもっている分野であれば、スイスイ読

一般的な読書速度の分布（トレーニング前）

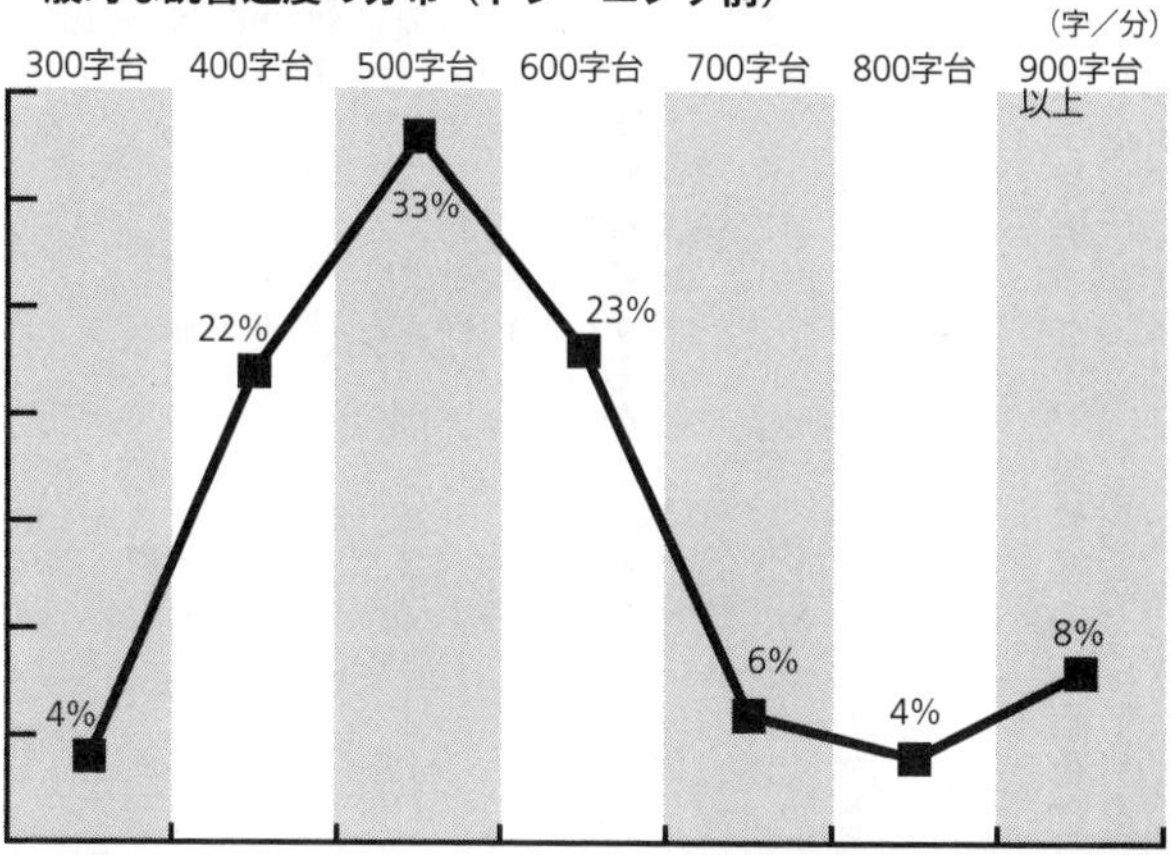

※佐藤泰正『超速読法』（メタローグ）参照

むことができるだろうが、苦手な分野や専門的な内容であれば、なかなか前には進めない。

ところで、読書スピードが遅くなるのには、実は別の原因も存在する。

「四つの肉体的習慣（くせ）」と私は呼んでいるが、思いあたる人は、今のうちに治しておきたいものだ。とくに分速1000字以下だった人は、自覚はないかもしれないが、多少なりとも当てはまる可能性があるので、注意が必要だ。

①音読を止めて、視読に切り換えること

読書スピードを遅くする肉体的習慣（くせ）の第一は、読むとき、口を動かして読んでいないかということだ。つま

り音読である。また、たとえ声に出さなくとも、口内の舌やのどなどの筋肉が、わずかでも文字に合わせて振動していることを感じたならそれは黙読である。音読や黙読をすると、意識は速く読もうとしても、話をするときの速度＝口の肉体的な動きの速度以上には読書スピードはいかないものだ。たとえば、ＮＨＫのアナウンサーでさえ、普通、分速４００字、早口で話して最高８００字程度なので、音読すれば、いくら頑張ってもこれ以上速くならないわけだ。

発音とは関係なく目で読む。これによってあなたの読書スピードは格段に変わる。

②文字を指さすのを止めること

文字を指でさして追う人がいる。これも指の速度でしか読むことができないので、この習慣に気づいたら、ただちに止めること。こころや意識の動きは、指の動きよりはるかに速いのだから、こうした習慣に縛られていては読書スピードは遅くなってしまう。

③文字を追うとき、首や顔の方向を動かさずに目や意識だけを動かすこと

本の面積はそれほど広くはないから、首や顔を動かさず、目や意識だけを動かせば

十分である。視点の訓練は第3章で段階的に行なうので、毎日少しずつ取り組んでみてほしい。

④何度も同じところを、繰り返し戻って読まないこと

難解な本や専門的な資料ならその必要もあるだろうが、通常の場合、とにかく前進することを意識的に行なってほしい。「わからないところがあるのに、進んでしまっていいのだろうか」と不安に思う人もいるだろうが、読書スピードがついてくるまでは気にすることはない。

以上、四つの習慣に気づいたらすぐに、意識的に取り去るようにすること。継続的に取り組むことで、瞬間的な速さをもつ意

識の動きは、鈍い肉体的動きから解放され、あなたの読書スピードは急速に上がっていくだろう。もちろん、初めからこうした習慣のない人はそれだけ速読術に関しては有利なスタートができると思っていいだろう。

意識して速く読む

さあ、速読を妨げる原因がわかったところで、今度は、さらに意識して速く読む訓練をしよう。そう思うだけで、人は、意外と速く読むことができるのだ。

たとえば、あなたが駅まで歩くとき、もし電車に間に合いたいと思えば自然に足が速くなるはずだ。あるいは、おもしろい小説を読んでいるときは、話の展開が気になって先へ先へとページをめくるペースが上がってくるだろう。

これと同じで速く読もうと意識することが大切だ。

そこで、先ほどと同じ要領で、今度は「読む速度を意識して」、次ページのテキストを読んでみてほしい。きっと、前に比べて、相当速いスピードが出るに違いない。

それでは、深呼吸をしてスタート！

さあスタート！

●読書スピードを測る❷（総文字数1100字）

次の日私は先生の後につづいて海へ飛び込んだ。そうして先生と一所の方角に泳いで行った。二丁程沖へ出ると、先生は後《うしろ》を振り返って私に話し掛けた。広い蒼《あお》い海の表面に浮いているものは、その近所に私等二人より外になかった。そうして強い太陽の光が、眼の届く限り水と山とを照らしていた。私は自由と歓喜に充《み》ちた筋肉を動かして海の中で躍《おど》り狂った。先生は又ぱたりと手足の運動をやめて仰向《あおむけ》になったまま浪《なみ》の上に寝た。私もその真似をした。青空の色がぎらぎらと眼を射るように痛烈な色を私の顔に投げ付けた。「愉快ですね」と私は大きな声を出した。

しばらくして海の中で起き上がる様に姿勢を改めた先生は、「もう帰りませんか」と云って私を促がした。比較的強い体質を有《も》った私は、もっと海の中で遊んでいたかった。然し先生から誘われた時、私はすぐ「ええ帰りましょう」と快よく答えた。そうして二人で又元の路《みち》を海辺へ引き返した。

私はこれから先生と懇意になった、然し先生が何処にいるかは未《ま》だ知らなかった。

それから中二日置いて丁度三日目の午後だったと思う。先生と掛茶屋で出会った時、先生は突然私に向かって、「君はまだ大分長く此所に居る積りですか」と聞いた。考のない私はこういう問に答えるだけの用意を頭の中に蓄《たくわ》えていなかった。それで「どうだか分りません」と答えた。然しにやにや笑っている先生の顔を見た時、私は急に極《きま》りが悪くなった。「先生は?」と聞き返さずにはいられなかった。これが私の口を出た先生という言葉の始りである。

私はその晩先生の宿を尋ねた。宿と云っても普通の旅館と違って、広い寺の境内にある別荘のような建物であった。其所に住んでいる人が先生の家族でない事も解った。私が先生先生と呼び掛けるので、先生は苦笑いをした。私はそれが年長者に対する私の口癖だと云って弁解した。私はこの間の西洋人の事を聞いて見た。先生は彼の風変わりのところや、もう鎌倉にいない事や、色々の話をした末、日本人にさえあまり交際《つきあい》を有たないのに、そういう外国人と近付になったのは不思議だと云ったりした。私は最後に先生に向かって、何処かで先生を見たように思うけれども、どうしても思い出せないと云った。若い私はその時暗に相手も私と同じ様な感じを持ってはしまいかと疑った。そうして腹の中で先生の返事を予期してかかった。ところが先生はしばらく沈吟《ちんぎん》したあとで、「どうも君の顔には見覚《みおぼえ》がありませんね。人違《ひとちがい》じゃないですか」と云ったので私は変に一種の失望を感じた。

(夏目漱石著『こころ』新潮文庫より)

いかがだっただろうか。

最初のときより、だいぶ速く読めたのではないだろうか。

速く読もうと意識する。

このことだけで、どれだけあなたの読書スピードが上がるかが確認できたと思う。

では、たった今読んだテキスト②について、こんな設問があったら、あなたは果たして、いくつ答えられるだろうか。

①文中の「私」が海に飛び込んだときは、先生より、

……1 あと、2 前、3 同時、4 飛び込まなかった

②文中の「私」は海のなかで、どんな気持ちがしたか？

……1 悲嘆、2 歓喜、3 不安、4 あせり

③海のなかで、「もう帰りましょう」と先に言ったのは誰？

……1 先生、2 船頭、3 漁師、4 私

④文中の「私」はその晩、誰の宿を訪ねたか？

……1 西洋人、2 先生、3 先生の友人、4 旅人

⑤私が「先生」と呼びかけると先生はどうしたか？

……1 微笑、2 苦笑い、3 苦しそうな顔、4 無視

理解度の基準

理解度 20%	本のイメージがわかる
理解度 40%	本の粗筋がわかる
理解度 60%	キーワードや主題の概念がわかる
理解度 80%	本の内容・論理・作者のねらい・主張がわかる
理解度 100%	本の内容のすべてがわかる

読んでいるようで、実は読んでいなかった人が多かったのではないだろうか。

いくら速く読んでも、内容を理解しないことには意味がない。

もちろん、初めに設問を提示していれば、注意しながら読んだことと思う。

試しに、設問をふまえて、もう一度読んでみてほしい。すると今度は読書スピードが落ちてしまうことに気がつくだろう。

目的や必要に応じた読書のしかたを

速読の基本要素として、読書「スピード」と読書内容の「理解」の二つがある。

読書スピードは1分間何文字という具合いにある程度正確に測ることができるが、理解度についてはなかなかそうもいかない。ここに、参考までに理解度を考える場合の目安をあげておこう（前ページ参照）。

スピードと理解は車の両輪のようなもので、どちらかが欠けてもバランスを崩す。

一般的に、読書スピードが速くなると、それだけ理解度は低くなっていくが、読書スピードが速いからといって、必ずしも理解度が落ちるとはかぎらない。反対に、ゆっくり読んだからといって、理解度が高まるというものでもない。

ところが一方で、読書スピードが速いうえに、瞬時にして、深い理解と洞察ができるという人もいる。

要は、その人の知識と訓練の集積度の問題なのであるが、「スピード」と「理解」の両方をバランスよく発達させるためには、やはり技術＝速読術が必要である。

そのうえで、何をどう理解するか、どれくらい理解しなくてはならないのか、といったことを頭に入れながら読むことが大切だ。

「ここは今、必要でないから飛ばして読もう」

「重要な見解があるので、アンダーラインを引いておこう」

目的や必要に応じて、臨機応変に読書のしかたを変えていく柔軟さを身につけていくことだ。

3 最小限の時間で最大限の知識を得る

速読術で情報処理能力がアップする

英国に『最小限の時間で最大限の知識（&収穫）を得られるとしたら、著者は最もよい仕事をしたことになる』（チャールズ・カレブ・コルトン（聖職者で、運動選手かつ事業家でもある。）の『ラコン』より）という名言があるのをご存じだろうか。

「（&収穫）」という部分は筆者があえて挿入したのだが、頭脳活動として、インプット＝知識の獲得と、アウトプット＝実績、収穫は表裏一体である。したがって、単に知識を獲得するだけでなく、いったんインプットされた情報を自分なりに消化したり表現することで、より豊かな収穫を得られるのである。

ここで、高度情報化時代に必要な個人の情報処理能力がアップしていくプロセスをもう少し具体的に考えてみよう。

①多くの本を読むことは、最高の勉強法だ

いま到来しつつあるＩＴ高度情報化社会、大競争時代、大勉強時代には、勉強をして脳を磨き、創造性をつけるということが一番重要となる。その点、経営評論家の江坂彰氏も「何といっても最高の勉強法は本を読むことである」と述べている。なぜなら、本は考える力を養うからである。考える力を養うということは、創造力を養うことであり、知識が蓄えられ、結局は発信能力につながっていく。

②多くの知識を得ることで、企画力や発信能力が強化され、文章を速く多く書ける

文章を速く正確に書くには、良い文章をたくさん読むこと。頭の中にさまざまな知識や文章パターンが蓄積されることによって、的確な組み合わせやアイデアの結合が、よりスムーズに頭の中に思い浮かんでくる。当然のことながら、思考力が高まり、文章を書く速度はどんどん速くなっていくというわけだ。また、文章を書くことで、さらに表現や知識を模索して本が読みたくなる。さまざまな興味が次々に生まれ、それにしたがって文章力も読書力も向上していく。

③文章を書き、発信すると、思考と読書が正確にかつ速くなる

ソフト化経済センター理事長の日下公人氏は、著書『「逆」読書法』の中で、読書術の最奥義として「読解力をつけるためには自分が書け」と述べている。書くというのは、誰に読まれてもわかるような論理的な文章を作らねばならないから、これにより思考と読書も正確に速くなっていくというのだ。

④知識の幅が広がれば自分の世界が広がる

たとえば、1冊の本を一つの国と考えれば、1か月に5冊読む人は、5か国を回ることができるが、月に50冊読む人は50か国を回ることができる。私たちをとりまく国は地球上に200近くあり、そこには何千、何万、何百万の書物があるのだから、速く読める人ほど、たくさんの国や未知の世界を回ることができることになる。

1冊の書物、一つの新しい世界に出会うことで、自分の内部の世界＝こころが広がっていく。自分の考えが広がれば、他人の世界を理解することも容易になり、他の人との間に共通の意識が生まれれば、自分の世界もさらに外部に広がっていく。

こうして速読術を体得することで、思考や行動の幅や深さが広く深くなっていく。

4 本を読みこなせば情報の達人

本を制する者は情報を制する

本書の目的は、1分間に何万字といった読書スピードを競うのでなく、短時間で大量の知識を吸収し、具体的に実績と成果の上がる実践的な速読術を身につけてもらうことにある。

なかでも、もっとも成果の上がる情報媒体＝書籍にこだわって話を進めていくことにする。

なぜなら、これだけマルチメディアが発達してきても、情報処理の達人は、本を読みこなす人以外にあり得ないからだ。

本は、専門性、選択性、一覧性において、あらゆるメディア媒体の中でもっとも優れた情報媒体である。国会図書館には約750万冊もの蔵書があり、全国書店にも多数の本が並んでいるが、各個人のニーズに合わせた、さまざまな分野の入門書から専門の研究書まで、そのほとんどが非常に安く手に入る。

確かにテレビやインターネットほどの速報性はないが、良質かつ大量で個人のニーズに応じた情報を得るには、現在のところ、書籍から得るのが最良の方法だ。したがって、情報に強くなる最適・最短の方法は、書籍を活用する技術を学ぶのがベストなのである。

暇さえあれば、いつでも活字を目で追う

「優れた知的実績をもつ人は、優れた速読術を身につけている」

これが長年、速読術を研究してきた私の結論である。優れた知的実績をもつ人は、長い経験と努力の中からそのような速読術を身につけたと思われるが、そういってしまっては、これから実績の上がる速読術を学ぼうとしている人にとっては、突破口となるとっかかりがない。

そこで、優れた知的実績をもつ人の読書術を科学的に分解、分析して、その一つひとつを身につけていけばよい。これが実践的な速読術を身につける科学的な方法だ。

たとえば、現代の日本を代表する、第一級の情報達人、長谷川慶太郎氏の読書術を分析してみよう。氏の提言は、経営者はじめ、多くの人々の指標となっている。

その秘訣は何であろうか。長谷川氏は、著書『情報力』（サンマーク出版）で、自身の読書法を次のように紹介している。

『私は、昔からいつでも本を手放さなかった。暇さえあればいつでも活字を目で追う生活をしていた』

この言葉から見ても、氏がいかに本を情報源として大切にしているかがわかる。

また、次のようにも書いてある。

『もちろん、これらすべての新聞、雑誌を隅から隅まで、一頁一頁を完璧に読む時間はない。とにかく最初はざっと目を通す。一頁につき数秒くらいの速さでどんどん進める。そして必要な箇所だけを、あとからじっくり時間をかけて読むのだ。

だがときとして、それさえもできないほど忙しいというときがある。その場合でも、とくに雑誌の目次だけはしっかり目を通すようにしている。これをやっておけば、あとで必要になったときにどの雑誌にどの情報が載っていたかがわかって便利だ。さらに必要なデータ、覚えておくべき重要な数字に出くわした場合には、何度も繰り返して頭にたたき込む……しかし努力といっても私の場合は、「面白いから」やっているに過ぎない』

この長谷川氏の読み方は、経験と知恵を積み重ねた結果、彼が独自に生み出した方法であることは間違いないが、実は、速読の技術を長年研究してきた私から見ると、この中に、本書で述べる多くの速読技術が自然に組み込まれているのである。

それぞれについては後で解説するが、たとえば、2-8《にっぱち》の法則、トヨタ看板方式、デジタル読みとアナログ読み、スキミング技法、スキャニング技法、メインアイデア法、トレーシング法、読書の三系列法、目次法、一本釣り技法……などである。

「長谷川氏は特別の才能の人だから、とうてい自分には到達できない」

などとあきらめずに、本書で速読術を一つひとつ体得し、それを各自の経験と知識、思考方法などに組み合わせれば、素晴らしい情報力をもつのも決して夢ではない。

ちなみに、もう一人の代表的知識人、立花隆氏もこう述べている。

「一人ひとり、自分自身の速読術を身につけよ。できるだけ短時間のうちに、できるだけ大量の資料を渉猟するためには、速読以外にない」

さあ、新時代に対応した戦略的な読書術＝速読術を身につけよう！

コラム 読書の達人 1 本好きのための本好きな話

「芥川龍之介」の場合

文豪と称される人には、大変な読書家が多いが、中でもその読書力が群を抜いていたといわれるのは芥川龍之介。和書、漢書、洋書の類を選ばず、その読書量は何万巻にも及ぶとか……。積極的な心の働きとして、ひたすら読書をした芥川。その35年の生涯に読んだ本の量から読書時間を推測すると、食べる、寝るといった生活に必要な時間や、作家としての創作時間を差し引いた、ほぼすべての時間を読書に当てていたとも考えられる。こうした結果、蓄積された膨大な知識は、彼の全集の中に収められている多くの手紙の中に垣間見ることができる。

「堀辰雄」の場合

こうした芥川の読書法を「本を速くしか読めなかった」と評しているのは、白樺派の作家、堀辰雄。堀は1冊の本を読む時、じっくりと時間をかけ、1行ずつ正確に読む方法を取っていたようだ。彼が一生の間でもっとも長くつきあったのは、マルセル・プルーストの名著『失われた時を求めて』だったそうだが、そのテキストには随所に色鉛筆の囲いがしてあり、また別に研究ノートを作成していたりと、驚くほどの徹底した緻密な読書を行なっていたという。あまりにも凝った読み方をしたために、結局、全巻を通読することはできなかったという逸話が残されている。芥川の読書法とは別の意味で、才人ならではの読書法といえるだろう。

（中村真一郎著『本を読む』新潮社参照）

第2章

すぐに使える日米精選速読術

ビジネスパースンなら速読術は不可欠

日本でもアメリカでも、会社で地位が上に行くほど、重要書類を読む時間が多くなる。

たとえば、アメリカでは、ビジネスパースン、とくにエグゼクティブと呼ばれる人たちは、仕事時間の4分の3を書類を読むことに費やしているという。

したがって、書類を読む比率が高い人は、書類を読む時間が速くなればなるほど、それだけ時間に余裕ができ、創造的（クリエイティブ）な仕事に時間を割くことができるわけである。ことにビジネスの競争が激しいアメリカにおいては、早くから、実践に役立つ速読術（スピード・リーディング）が研究されて発達し、大学の正規科目として、あるいは卒業後のビジネススクールなどでも盛んに教えられるようになった。

アメリカ大統領も学んだ速読術

こうしたアメリカのエリートたちのトップに立つ者といえば、なんといっても大統領だろう。権力が集中し、世界でもっとも多忙といわれるホワイトハウスの主人は、当然、短時間に多くの書類や本に目を通さなければ務まらない。

たとえば、ルーズベルト大統領は、朝食の前に毎日1冊の本を読んだと記録されているし、名演説で有名なケネディ大統領も、速読術を学び身につけていたことはよく知られている。

普通、アメリカ人の場合、1分間に200～300語の英単語を読めるのが平均的な速度といわれるが、ケネディ大統領の場合、1分間に1200単語、つまり、普通の人より4～6倍の読書スピードをもっていたそうだ。

また、ピーナツ農場の経営主から大統領に当選したことで有名なカーター大統領は、ホワイトハウスで執務をするようになってから速読術を習い、たった2回の訓練で、以前の4倍の速さで読書をこなすようになったことが自伝に書かれている。

何よりも、彼自身の体験談から聞くことにしよう。

『大統領執務室で長時間働いたあと、私はブリーフケースいっぱいの書類を（家に）持ち帰らなければならなかった。初めはこれも楽しかったが、一～二週間もすると私は仕事の量を減らさなければならないと思うようになった。スタッフと協力して私は報告書を分析し、私が目を通す必要のないものをより分けると共に、残りのものについても短いものにするように求めた。ついで私は私自身とロザリン（夫人）それに主要な側近のために毎週日を決めて閣議室で速読術の訓練の時間を設けることにした。二度授業に出ただけで、私の読むスピードは二倍になり、ついには四倍になった。訓練を終える頃にはペーパーワークが苦にならないまでに上達していた。この後、私が公邸に持ち帰る仕事を消化するのに夕食の後の僅かな時間だけを費やせばすむようになり、残りの時間を読書や映画鑑賞それに家族とのくつろぎに向けることができた』

（日高義樹監修『カーター回顧録（上）』日本放送出版協会）

企業も速読の効果に注目し始めた

以前よりも一層、速読術の必要性が高くなっている例として、すでに10年以上も前からアメリカのある大手企業ではこんな考えを示している。

『一人の通常のビジネス・エグゼクティブは、単に最近の情報を維持するだけでも、毎週、1000万語（英単語）以上を読まなければならないが、はたして、ハイテクの道具がこの洪水のような情報を吸収し、消化することを助けてくれるだろうか？答えは「ノー」である。我々の近代的テクノロジーによるどのような道具に助けてもらっても、あなたは、祖父母が100年前にしたと同じような読書速度で、相変わらず、読まざるを得ない。

しかし、これはすぐに変化をもたらすだろう。（速読技術の習得によって）あなたの読書技術はスキルアップし、21世紀に学ぶための再構築がなされるだろう。効果的な速読技術は、今日の、そして未来の情報スーパー・ハイウェイに対応できるよう、あなたの学習能力を劇的に向上させてくれるだろう。どのようにしてあなたの脳の可能性を最大限にするかを教えることによって……』

（"Speed Reading" by Steve Moidel, Barro'n Educational Series, Inc., USA）

では、このアメリカで採用されている速読術とは、どんなものなのだろうか。

欧米型実践速読術……「理解力」を高めた科学的速読術

現在、日本で行なわれている速読の多くは、韓国のキム式速読術の流れをくむ右脳型（イメージ式）速読術で、一瞬で何万字も読もうという手法だ。

しかし、この方法はスピードは出るが、読解力・分析力において弱い部分があった。とくに医師、弁護士、技術者、研究者、ホワイトカラーなどの論理的思考を要求する知的作業者にとって、実際に役に立っているかどうかとなると、疑問が残る。

冒頭でも触れたように、私自身、20年以上も前の１９８６年頃、右脳型速読術を習って初代講師の免状までもらったが、どうもこの点が不満で、もう少し論理的に理解でき、かつ、実践に役立つ速読術はないかと模索するようになった。

この時、出会ったのが、欧米型速読術（スピード・リーディング）である。

欧米、とくにビジネス競争の激烈なアメリカでは、情報力をもつことは大きな武器になる。当然、有能なビジネスパースンなら、まず速読術を身につけるという。そのため、大学の正規カリキュラムでも、速読術が取り上げられているほどだ。

「アメリカのような厳しい競争社会では、実践に役立つ本物の速読術しか生き残れないはずだ」

こう考えた私は、インターネットを利用して、現在のアメリカで行なわれている速読術に関連する十数冊の原書を取り寄せ、片っ端から、むさぼるように読んだ。

その結果、期待にたがわず、実践的かつ論理的で、知的作業に十分役立つ方法があることがわかった。

なかでも、アメリカにおける速読術の代表的研究者、ニューヨーク大学教育学部教授のニラ・バントン・スミス博士の理論（著書“Speed Reading Made Easy”）や、アメリカ大統領府（ホワイトハウス）で、世界を動かすエリート・ビジネスパーソン52人に速読術を教授した実績をもつ読書コンサルタント、ピーター・カンプ氏（スタンフォード大学修士）の理論（著書“Breakthrough Rapid Reading”）などから、とくに日本語向きに厳選抽出加工した。

そのうえで、日本の多忙な知的ビジネスパーソンや学生などが利用できるよう改良して、10項目にまとめて紹介する。途中、簡単なトレーニングもあるので、楽しみながら取り組んでみてほしい。

欧米型速読理論①

科学的実験で明らかにされた視点移動の法則

現在、欧米で盛んに行なわれている速読術の基礎はもともとフランスで築かれた。イギリスのフランシス・ベーコンをはじめ、個人で速読の技術をもっていた者はいたが、科学的に分析されたのは、1879年のフランス・パリ大学の科学者ジャバル氏による視点移動の研究が最初だ。

普通、我々が読書をする際は、文字を1文字1文字なぞって読んでいくと思っているが、ジャバル氏は本の読み手を対象にしたさまざまな実験を通して「人が本を読むとき、目は1字1字を確認しつつ読んでいるのではなく、ちょうど速写カメラのように、文字列のある点に視点を固定して一定の範囲を読み、視点を移動させて、また次の範囲を読む。視点を移動する間は読んでいない」ということを発見した。

読書の際の視点移動の実験結果（ニューヨーク大学スミス教授による）

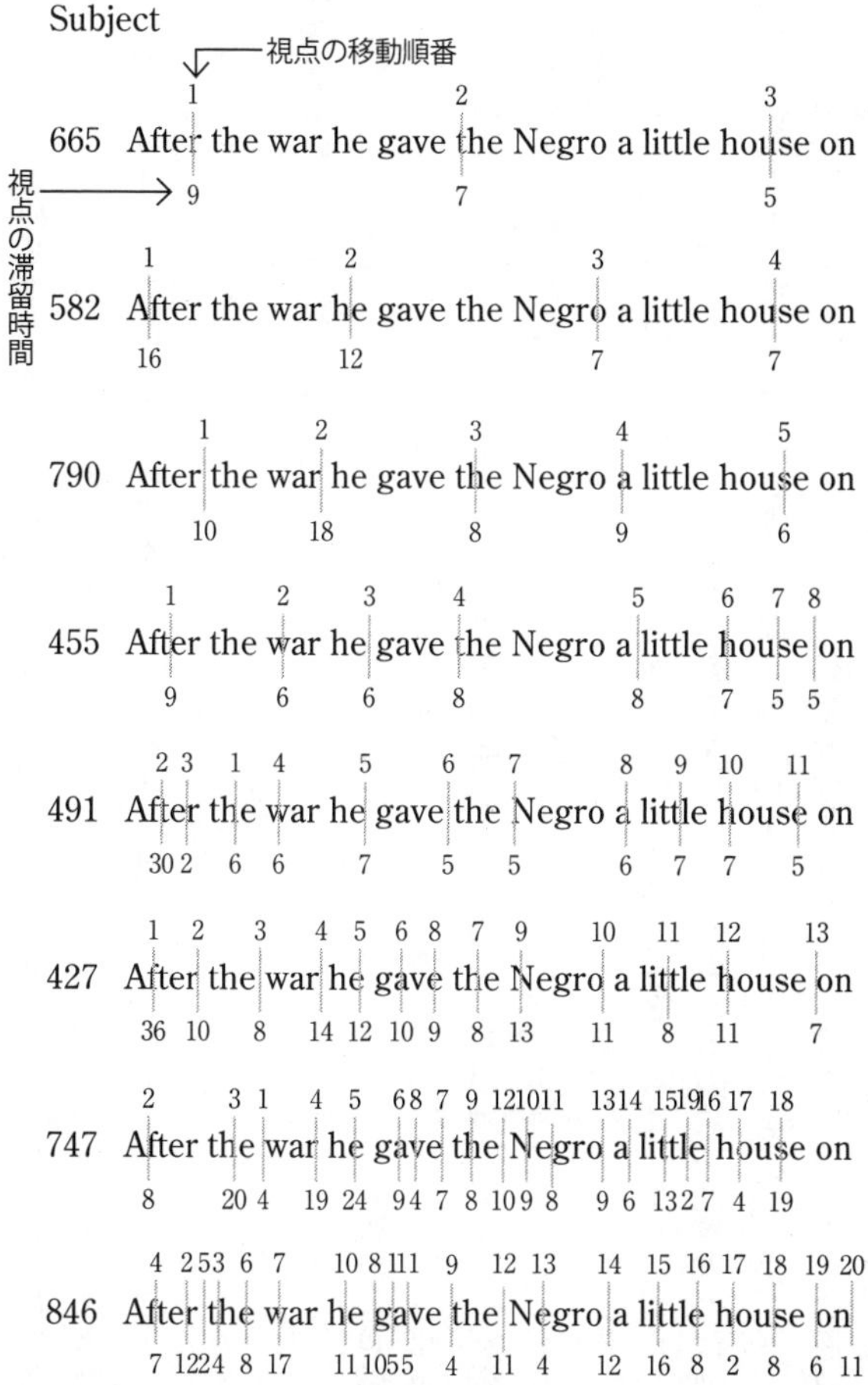
Subject
視点の移動順番
視点の滞留時間
1 2 3
665 After the war he gave the Negro a little house on
9 7 5
1 2 3 4
582 After the war he gave the Negro a little house on
16 12 7 7
1 2 3 4 5
790 After the war he gave the Negro a little house on
10 18 8 9 6
1 2 3 4 5 6 7 8
455 After the war he gave the Negro a little house on
9 6 6 8 8 7 5 5
2 3 1 4 5 6 7 8 9 10 11
491 After the war he gave the Negro a little house on
30 2 6 6 7 5 5 6 7 7 5
1 2 3 4 5 6 8 7 9 10 11 12 13
427 After the war he gave the Negro a little house on
36 10 8 14 12 10 9 8 13 11 8 11 7
2 3 1 4 5 6 8 7 9 12 10 11 13 14 15 19 16 17 18
747 After the war he gave the Negro a little house on
8 20 4 19 24 9 4 7 8 10 9 8 9 6 13 2 7 4 19
4 2 5 3 6 7 10 8 11 1 9 12 13 14 15 16 17 18 19 20
846 After the war he gave the Negro a little house on
7 12 2 4 8 17 11 10 5 5 4 11 4 12 16 8 2 8 6 11

その後、この結果をもとに、さらにアメリカで発展した研究がなされるようになる。そのうちの一つ、アメリカのニューヨーク大学教育学部ニラ・バントン・スミス教授らが、カメラで人間の視点移動を観察した結果、前ページの図のようになることを発表した。

実験からわかる優れた読書人

読書中の人の視点移動が、文字を直線的になぞるのではなく、一定の視点（停留点）に一時静止して、その周辺の文字群を読む、といった繰り返しになるのはなぜか。

それは文字という細かいイメージを正確に識別するために、目が動かずイメージがぶれないように一時静止して、その範囲の文字を瞬時に読み取るようにしているからである。

前ページの図の左の番号は、実験に参加した読み手の番号を、各文を切って引かれた縦線は、それぞれの視点の停留静止位置を示し、その縦線の上の数字は視点の移動順番、縦線の下の数字は、視点静止時間（例「16なら16分の1秒」）を示している。

ここから、さまざまな被験者の視点移動を分析していくと、図のいちばん上の読み手がもっとも優れた読み手で、文章に沿って、順序よく、速く読み進んでいることがわかる。

優れた読み手は、図の上部3人で、図の下にいる読み手ほど、読み方が遅く、いちばん下の読み手は、もっとも貧弱な読み手で、煩雑に視点を移動し、しかも、逆に戻ったりして落ち着きがない。

つまり、図の最上位のもっとも優れた読み手は、視点静止回数がわずか3回で、視点静止時間も短かったのに対して、最下位の読み手は視点静止回数が行きつ戻りつ計20回にもなり、静止時間も前者に比べて約10倍にもなっている。

この実験から導かれたのは、速く読むためには目を速く移動するというよりも、次の条件を満たせば良いということになる。

①一停留点あたりの文字視界範囲をできるだけ拡大する
②ページあたりの停留点の数をできるだけ少なくする
③停留点から停留点までの移動を速くする

これは、新幹線と各駅停車の比較に似ている。

たとえば、東京――大阪（新大阪）間の場合、東海道新幹線なら、停留点（駅）は

名古屋、京都などわずか数駅で、所用時間は約2時間30分ほどだが、各駅停車の列車では十数時間かかる。

この視点移動の法則をふまえて訓練すれば、読書を各駅停車スタイルから、新幹線スタイルへと飛翔させられるのである。

欧米型速読理論②
ビジュアル・リーディングで瞬間理解！

アメリカ大統領府のスタッフに実践速読を教えた実績をもつカンプ氏は、あるとき速読スクールで、訓練生から次のような質問を受けた。

「速読速解のコツとは、重要でない言葉は、飛ばして読むことですか？」

つまり、日本流にいえば、「飛ばし読みや、斜め読みでいいか？」という質問だ。

カンプ氏は答えた。

「それは半分正しいが、完全ではない。なぜならば、言葉を読みもしないで、どのようにして、飛ばすべき言葉かどうかを判断するのでしょうか？」

訓練生は答えに窮したそうである。

このように、単なる「飛ばし読み」と「速読」とは、一見似ているようだが違うものなのである。

それでは、どこが違うのか。

それを判定する方法は、その人が音読（または黙読）をしているか、またはビジュアル・リーディング（つまり視読）をしているかという点にある。

つまり、音読とは、一語一語声を出して読む読み方だ。黙読とは、声は出さないけれど、喉の奥でもぐもぐと音声に変換している読み方だ。これらの読み方では、今読んでいる部分の先にある言葉が重要かどうか判断できない。

これに対して、ビジュアル・リーディング（視読）は、文字をいちいち音声化せず、文字群全体をイメージで一瞬のうちに把握する方法だ。

声を出して読まず、視読すれば、全体を見渡せるので一挙に視界が広がり、戦略的速読、つまり速読速解ができるようになる。

これが速読速解の基本である。

しかし、ときには、どうしても視界が狭く、読書スピードが遅く、理解力が低くなる場合もある。それでも落胆する必要はない。なぜなら、読み手の能力以外に、文章の側にも、読書スピードと理解度を支配する要素があるからである。次に三つの主な要素を掲げておこう。

これらをビジュアル・リーディングで判断して、それに応じた読み方をしていくとスムーズに速く読むことができるようになる。

①第一の法則……具体的な言葉が多いほどスピードが速い

第一は、文章の中に複雑で抽象的な言葉が多いほどスピードと理解力は遅くなり、具体的な言葉が多いほどスピードは速くなるということ。

たとえば、「黒い猫」とか「水着の金髪の女性」とかいえば、非常に具体的ですぐに理解できるし、スピードが速い。しかし、「〇〇の形而上学的概念は、演繹的に見て……」といった難解な文章は、スピードが遅くなるのは当然だ。

このような抽象的な言葉の場合、要、不要の判断をして、現在とりあえず不要であれば、それを飛ばすことである。

②第二の法則……1パラグラフあたりのアイデアが少ないほどスピードが速い

一つのパラグラフに盛り込まれているアイデア（著者の考えやポイントなど）が少ないほど、読書スピードは速くなり、アイデアが多く複雑なほどスピードは落ちてくる。

もし、理解しにくいアイデアが文章の中に出てきた場合は、文章そのものが悪いか、内容が非常に複雑か、のどちらかである。この場合は、重要なものなら時間をかけて、じっくり読むが、それほど重要でない場合は、多数のキーとなるアイデアだけを把握すればいい。書き手の方の頭が悪く、悪文であることによる場合も結構多い。こんなときは思い切って「飛ばす」ことだ。

③第三の法則……自分の得意分野はビジュアル・リーディングしやすい

専門分野では関連知識をもっているほど、読書スピードは速くなり、知らなければそれだけ遅くなる。たとえば、横文字ばかりが羅列するパソコンの解説書でも、その分野をよく勉強し、また興味がある人にとっては、ざっと見るだけでもかなりの情報が頭に入ってくる。あるいは、これから車を買おうという人が新車の情報誌を見れば、あっという間に好きな車種のページを探し出すだろう。その分野に対する理解力を高めてあれば、それだけ速読がしやすくなる。反対に、自分の苦手な分野、知らない分野では、それだけ遅くなることを覚悟しておかなければならない。

もし、知らない分野なら、そのテーマに時間をかけて入っていく価値があるかどうかを考えることも大切だ。十分時間をかける価値があるならば、ゆっくり読む。もし、価値がないと判断すれば読まずに、軽く流す。

もちろん、そういった判断さえも、音読でなく、ビジュアル・リーディング（視読）することによって、一瞬のうちに決断することが可能となるのだが……。

私は視読などできないと思う人に朗報。実は、誰でも視読しているのだ。例えば、「専門分野」という四文字熟語でも誰でも一括して意味を理解する。これが視読だ。「専」「門」「分」「野」と一文字ずつ読む音読や黙読は、時間がかかるあまりやっていないはずだ。だから今やっている視読の範囲を広げればよいわけである。

集中力強化トレーニング（1分）

本を速く、しかも理解して読むためには、集中力が不可欠である。

集中力といっても、からだをガチガチに緊張させて集中しようとするような堅苦しいものではなく、むしろ、リラックスして、笑みを浮かべるくらいがいちばん集中できる。

リラックスして脳内で快適なホルモンを出して、脳細胞とからだの細胞を活性化するようにすれば、当然ラクラクと集中することができる。

ここで、集中するための訓練方法を紹介しよう。

これは読書の前ばかりでなく、大事な客に会うときやプレゼンテーションを人前でするとき、試験・面接のときなど重要な場面にも役立つ集中力強化法である。

やり方は、それぞれのポイントの頭文字をとってED3S法と名づけた。

【ED3S法】

ED……「Everyday Dream」は直訳すれば「いつでも夢を！」であり、あなたを明

◆呼吸法

(1)丹田呼吸法

目を軽く閉じる	
鼻から息を吐く	6秒
止める	6秒
吸う	6秒

(2)または腹式呼吸法

吐く	6秒
吸う	6秒

るくワクワクさせるような夢である。目を閉じて、将来こうなりたい、こうなったらいいな、と考えてみる。

あなた自身の夢を脳内でイメージするのだ。楽しいことを頭で考えるだけで、人は脳内ホルモンが出て、それが脳細胞とからだの細胞を活性化する。

3S……「スマイル」「ストレート」「深呼吸」のSだ。スマイルして顔の筋肉をリラックスさせ、椅子に腰掛ける。このとき、背筋はまっすぐストレートにピンと伸ばすが、全身はリラックスしたままでよい。

いつもよりややゆっくり深く息を吐いて、ややゆっくり息を吸う。これを、目を閉じて1分間繰り返す。できるだけ楽な気持ちで行なってほしい。

固定点凝視トレーニング（1分）

こころのエネルギーを高め、集中力をつける訓練だ。

次ページの真ん中の●（黒点）を1分間、穴のあくほど見つめてほしい。

呼吸と姿勢は、前ページの練習を参考に。

視力回復トレーニング（1分）

電車の車窓などを使ってできる訓練も紹介しよう。近距離、中距離、遠距離の風景を交互に見ることにより、目のレンズの厚さを調節する眼筋を運動させて、目の遠近の焦点を敏速に合わせられるようにする。これをやっていると、目の体操ともなり、目の疲れが取れ、視力回復にも役立つ。読書の途中でも目が疲れたときに応用できる。

固定点凝視トレーニング

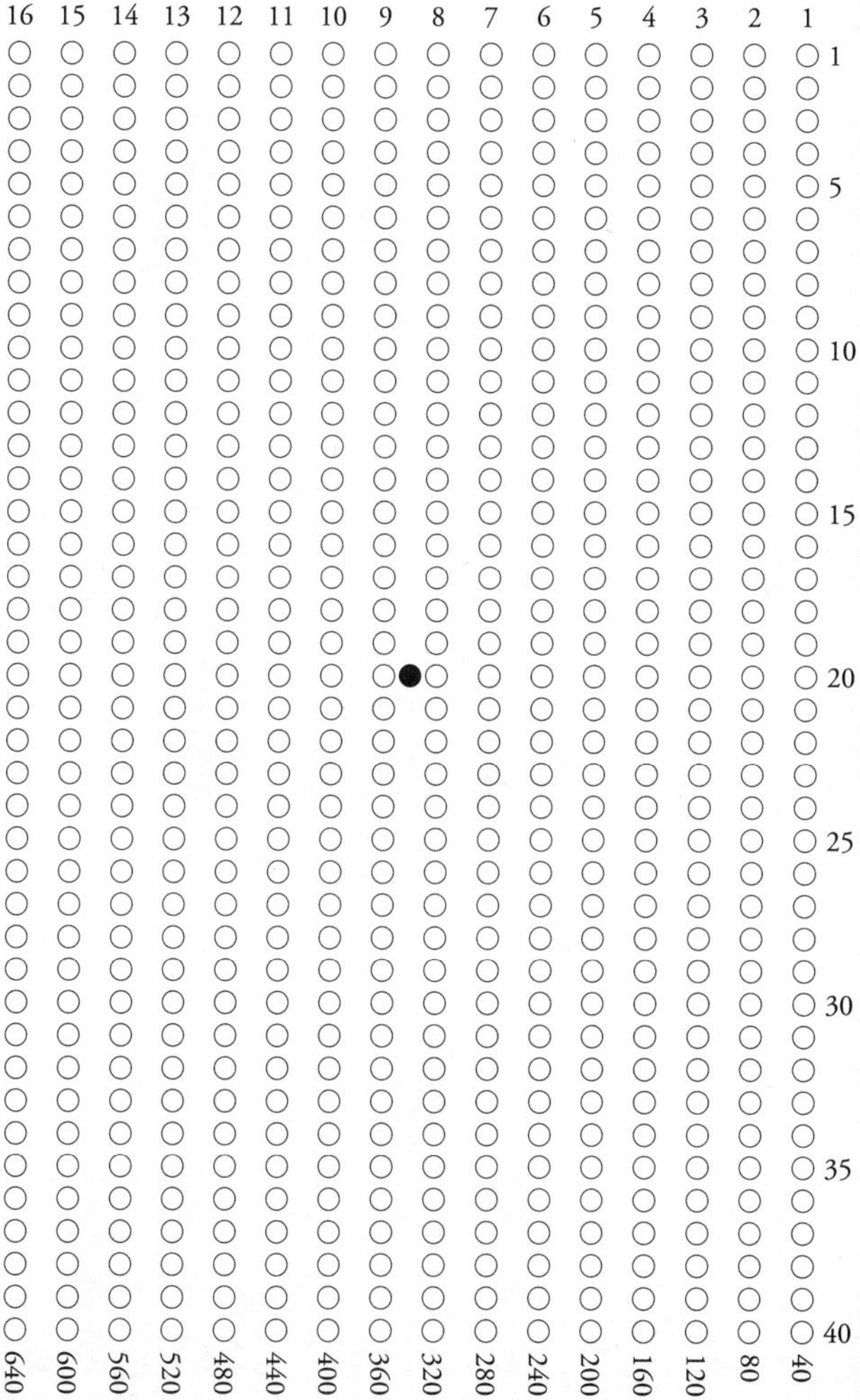

欧米型速読理論③
キーワード法でラクラク省エネ読み

キーワードとは、文章の中でカギとなる重要語のことである。

文章はさまざまな単語の集合体であるが、すべてまんべんなく重要であるということはない。その中に文章を決定的に左右する重要語が混ざっているのだ。キーワード法は、それらのキーワードだけを選んで読んでいく方法である。

つまり、文章の中には、王様もいれば、それに仕える重臣や家来や兵卒、民衆、または王様に寄り添う姫君もいる。戦国時代の戦争でも、陣笠兵卒には目もくれず、敵の大将のみを討ち取れば、敵軍を総崩れにすることができる。文章の中で大将にあたる重要語のみを選んで読んでいく方法は、非常に効率的なものなのだ。

このキーワードには2種類ある。

それは著者サイドの意図する、文章の流れからのキーワードと、あなた自身が重要と考えるキーワードである。この二つのキーワードをバランスよくピックアップしていくことで、視力と労力と時間を節約でき、結果として、読書速度を大幅に増すことができるのだ。

一般にキーワードは、文章の流れをスムーズに運ぶために文章の節目節目に置かれている。通常、名詞や動詞であることが多いが、日本語の場合、たいてい漢字かカタカナ（外来語の場合）が多く、文章の中で自然に目立つようになっている。

しかも、漢字はもともと表意文字であって、表音文字でない。つまり、「木」「林」「森」など、文字の形そのものが意味を表す言葉なので、キーワード読みには適した言葉なのだ。

極端にいえば、漢字やカタカナだけを読んでいってもおおよその意味がわかる。あとは、文脈の流れを表す「しかし」「つまり」「～である」「～でない」といった言葉に注意するといいだろう。

これに対して、英語はわずか27文字のアルファベットの羅列で構成されているため、キーワードが探しにくい。それでも欧米人は必死になってキーワードを探して読んでいるのだから、キーワードが探しやすい日本語を、日本人が速読しないのは実に損な

日本語なら漢字やカタカナだけを読んでもおおよその意味がわかる

　アメリカの流通業で成功している標語に「EDLP（エブリデイ・ロープライス）というものがある。
　これは、最近、日本のハンバーガーショップでもいわれ始めたが、毎日安い価格で提供しようというものである。

↓

　アメリカ…流通業…成功…………標語…「EDLP（エブリデイ・ロープライス）…………がある。
　…………最近…日本…ハンバーガーショップ…………始……が、毎日安…価格…提供…………………である。

話。つまり、日本語とは速読しやすい言葉なのだ。

　では、文章の中にキーワードはどれくらい散らばっているのか。

　この章の後半で解説する「2・8《にっぱち》の法則」からすれば、全体の2割がキーワードと考えられる。全体の2割を探せばいいのだから簡単だ。

　なお、文頭の見出しや目次は、文章全体を濃縮したキーワードそのものである場合が多いので、最初に注目すると、内容を把握することが非常にラクになる。

欧米型速読理論④
メインアイデア法で、瞬間理解

欧米には、「**1パラグラフ＝1メインアイデア**」という原則がある。

パラグラフとは文章の一段落をいうもので、普通3～4行のかたまりだ。ワープロでいえば、改行キーを押すまでの、ひとかたまりの文字群である。そのパラグラフには、全体を濃縮したような重要なメインアイデア（主要な考え方）が必ず一つ入っている。

先のキーワード法は目に見える文字を追ったが、このメインアイデア法は、文章中の目に見えないアイデアを追うという違いがある。

読解力のある優れた読み手はパラグラフ全体を眺め、その中にあるメインアイデアをすばやく見つけ出し、そのメインアイデアを中心にして、他のパラグラフとのつながりを組織化していく。

ここで、ハブ（拠点）空港を考えてみてほしい。

これは地方空港からの経由地を一か所に集中させることで空港間のネットワークをスムーズにするシステムで、従来なかった飛行ルートが確保できるうえ、乗り換えもラクになる。

たとえば、四国の高松空港から出発し、日本のハブ空港である成田国際空港を経て、アメリカのハブ空港であるロサンジェルス空港に到着。そこからアメリカの地方空港行きの便に乗り換えるといった具合いである。

いくつものローカル空港がつながっているハブ空港同様、会社や官庁の場合も、いくつもの「係」の上に「課」があり、「課」がいくつか集まって「部」となり、「部」がいくつか集まって一つの組織「○○商事」や「○○銀行」を形成する。

ここでいうハブ空港、○○銀行に相当するのが文章中のメインアイデアである。

メインアイデアは文章中の拠点となり、次のパラグラフに移る際の目印となる。たとえ多くのパラグラフをもった長い文章でも、1パラグラフに一つのメインアイデアを探し出すことで、カンタンに要点をおさえながら、読み進めることができるのだ。

このメインアイデアは、パラグラフのどこか一か所に一つの文章として見えない形で存在している。そこで、読み手にはそのパラグラフを概観したときに的確にこのメインアイデアをつかむことが要求される。各パラグラフごとのメインアイデアを的確に把握することで、1冊の本全体のメインアイデアを理解していくことができるのだ。

本の目次は著者の作ったメインアイデア集だが、読み手の方も、読みながら頭の中で自分なりの目次（メインアイデア集）をつくることができるのである。

では、文章の中からどうやってこのメインアイデアを探し出すのか。

通常、80％の確率でパラグラフ中の最初のセンテンス（ピリオドで終わる文章）にメインアイデアが入っているという。つまり、急いでいるときは、各段落の第一文章だけを読んでも、かなりの確率で要点を得ることができるということだ。

このようにメインアイデア法は、文章全体の構造をすばやくつかむことができる優れた方法だ。意識的に文章を概観し、メインアイデアがどこにあるかを一瞬に把握する洞察力を養おう。そのためにも、継続的読書による知識と経験の蓄積は欠かせない。

読視野拡大トレーニング（1分）

はじめは1ページ、次に見開き2ページをじっと見て、読視野を拡大する訓練である。

67ページのときと同様、まず中央の●を見て、1秒か0・5秒間隔でリズムをつけて、その外側の円、または楕円内全体を見られるように視野を拡大させる。

リズムをつけるときは、メトロノームを使って行なうとより効果的な練習になる。あるいは時計の秒を刻む音に合わせるなら、1秒の中で2回リズムをつけながら、視野を広げていくといいだろう。

最初の円まで視野を広げたら、同じように、さらに外側の円へと視野を広げる。もっとも外側の円まで拡大したら、再度もとに戻って、また繰り返す。

慣れたら、文字のあるページでもやってみよう。

円内の文字はすべて判読できなくてもいい。

視野を広げ、本全体をまんべんなく視野に収めて、その中の重要な情報・キーワードなどを発見するための訓練だ。

読視野拡大トレーニング(1)

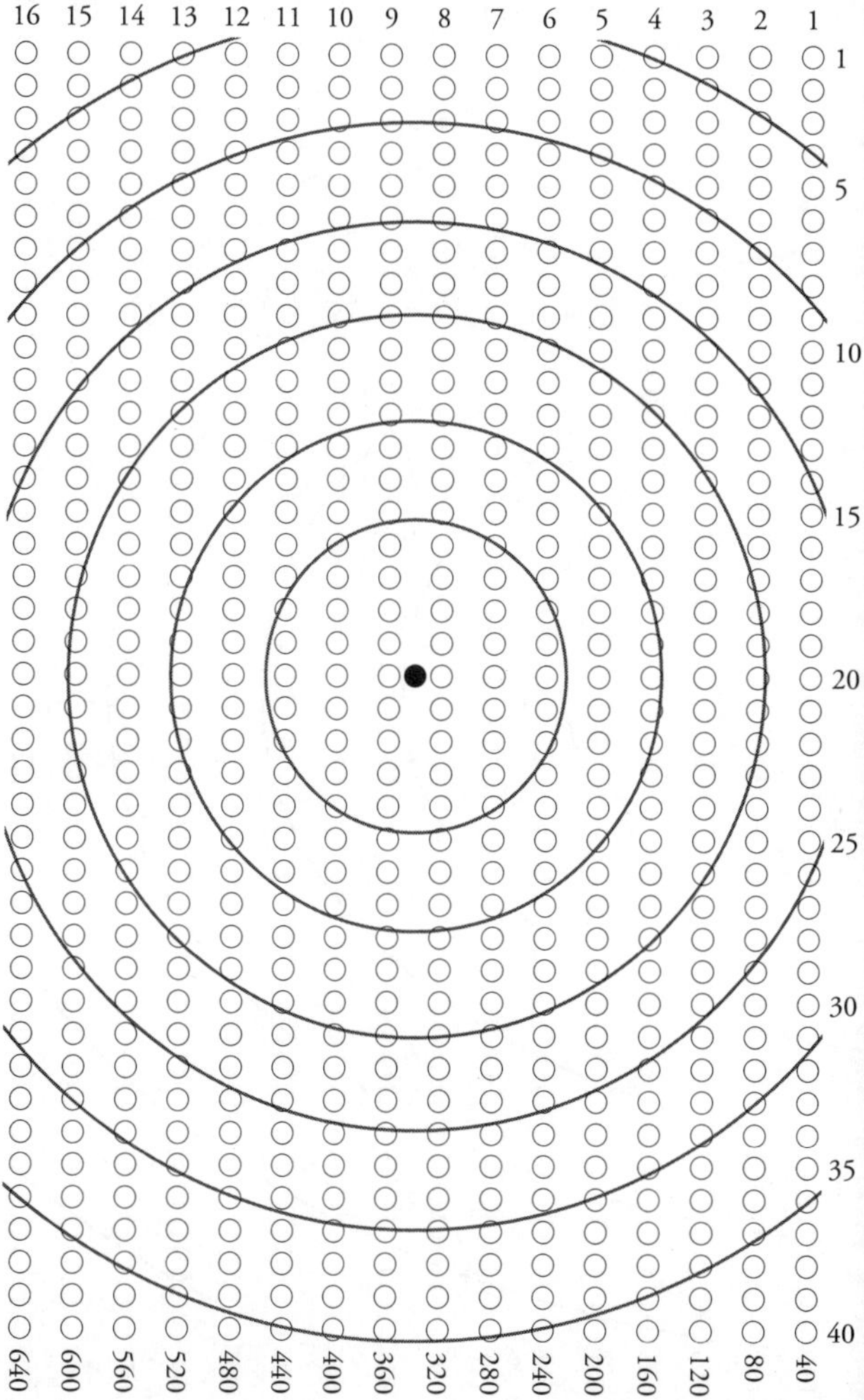

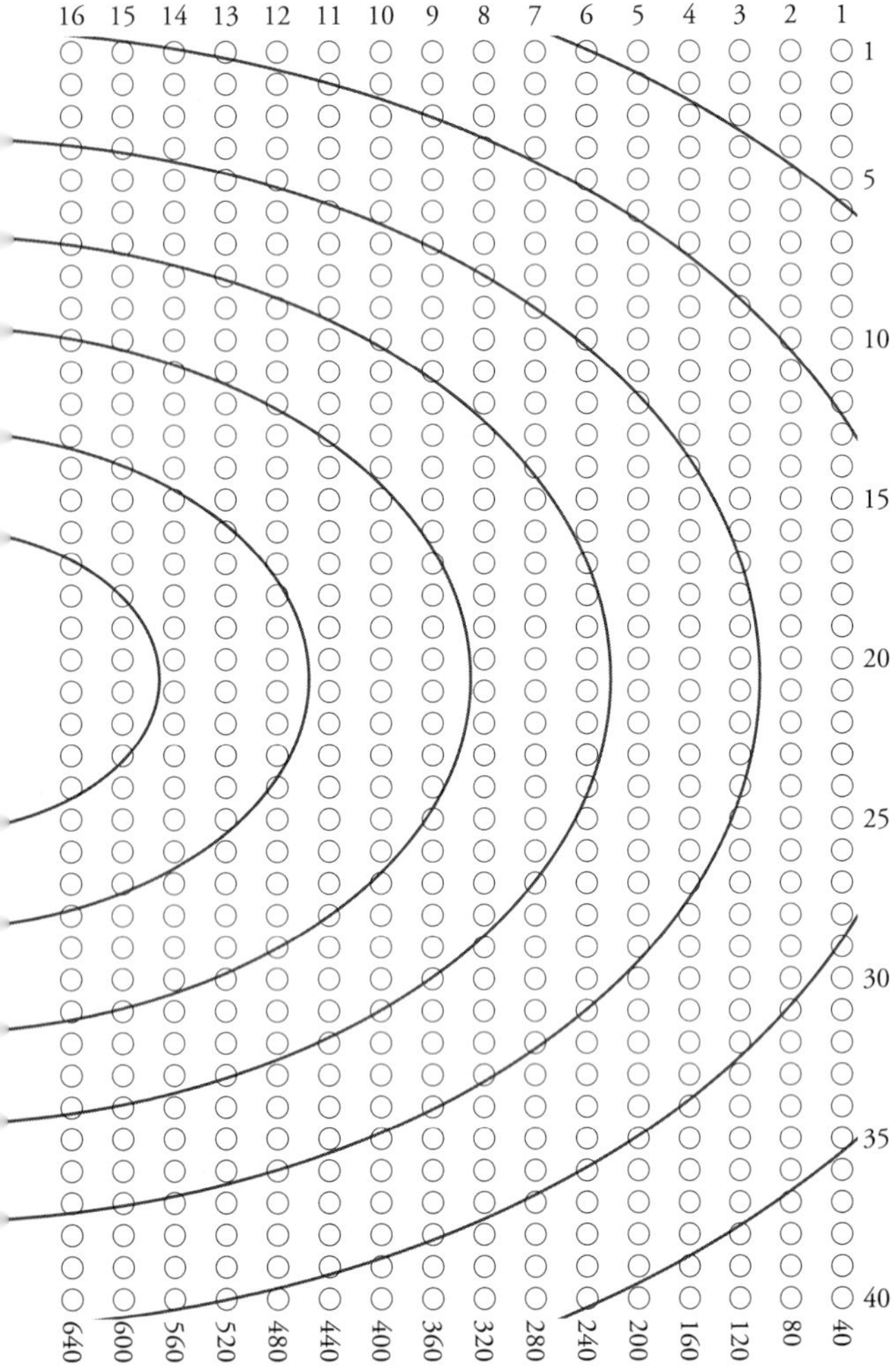
16 15 14 13 12 11 10 9 8 7 6 5 4 3 2 1
1
5
10
15
20
25
30
35
40
640 600 560 520 480 440 400 360 320 280 240 200 160 120 80 40

読視野拡大トレーニング(2)

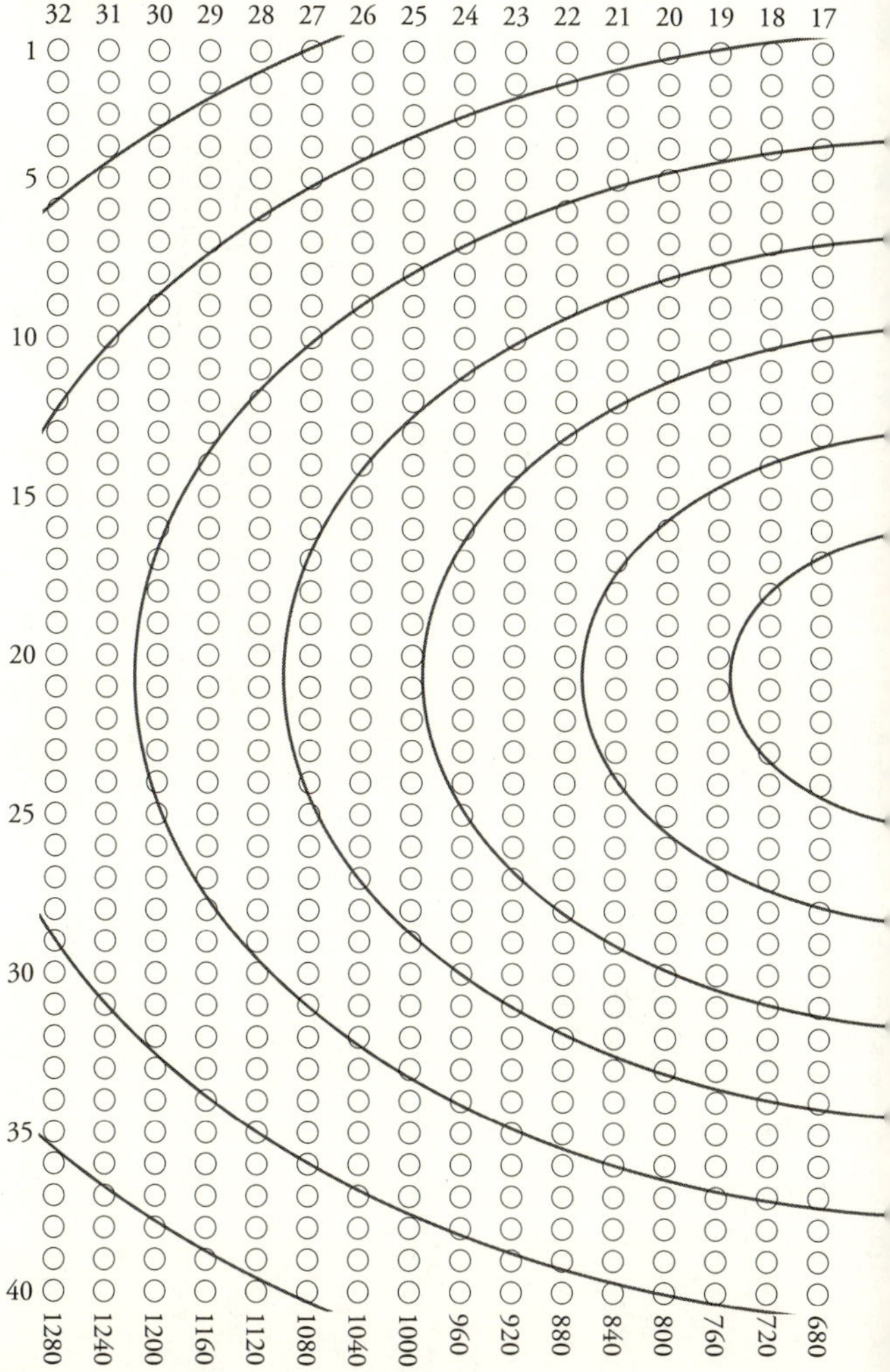

欧米型速読理論⑤
スキミングは欧米型速読術の華《はな》

欧米型速読の基本的理論を理解してもらったところで、そろそろ本格的理論に入ろう。

代表的速読術の一つは「スキミング（Skimming）」である。

スキミングは単一技術というよりも、その人の体得した各種速読技術を総合した技（アート）ともいえる。すなわち、個人の読書経験と技術に熟達するほど、スキミングは速く深くなる。アメリカの速読のあらゆる速読技術を総合した華《はな》ということもできる。

スキミングのスキム（skim）とは、上澄みをかすめ取るというような意味で、スキムミルクといえば、ご承知のとおり、牛乳の上澄みの部分をかすめ取ったものだ。

これはちょうど、ワシやカモメが陸や海の上空を飛び回って、全体を概観して把握しながら、餌を見つけたときに下りてきて餌を捕獲するのと同じである。

「飛ばし読み」や「斜め読み」と異なるのは、全体をくまなく見ていること。全体を概観しながら、重要情報や異常変化を見落とさない。つまり、餌となるネズミ（重要情報）を発見したら、急降下して、ついばむのである。

もちろん、ワシやカモメは、傍目には悠然と飛んでいるように見えるけれども、自己の飛ぶ力、視力、バランス力など、もてる力、あらゆる技術を結集して、餌を獲得している。

もし、ワシが全体の地形も把握できず、地上の小さな餌の動き（重要情報）を把握できなかったら、餓死するほかない。

子供と自己の生存のために餌を探すという目的意識をはっきりもっているからこそ、誤って石ころなどをついばんでしまうことがないのだ。

また、あなたが偵察戦闘機のパイロットで、敵の艦隊の情勢を探っているとしよう。航空母艦から発進したあなたの乗る偵察戦闘機は、海上を概観しながら、敵の艦隊に近づいては降下して、「巡洋艦○隻、戦艦○隻、掃海艇○隻、中心に旗艦、その中に商船が○隻、○ノットで進んでいる……」などの情報をつかみ、味方の本部に報告する。

この船の形ならば○○型巡洋艦、したがってミサイル○基搭載、総トン数は○○トン、乗組員定員は○○名、時速○○ノットなど、船の形を知っていればいるほど、詳しい報告ができるのはもちろんである。

大事なのは、いちいちボートに乗って危険な敵に近づくようなエネルギーの浪費をせず、上空から全体を概観し、目標の敵の艦隊が見えてきたら降下して観察する。訓練と知識を積んだパイロットほど、詳細に把握して報告できるのだ。

読書もこれと同じように、目的意識をもって全体を概観するならば、短時間のうちに、概要を理解できるばかりでなく、あちこちに隠れている必要情報を獲得することができる。

このようにスキミングするときは、あらゆる速読技術や知識を総動員して読むのである。それだけ収穫は大きくなるはずだ。

本書で紹介する日米精選の速読術を総合してスキミングに活かせば、強力な速読力をもつこととなるだろう。

視点移動トレーニング（1分）

視点を上下左右自由自在に動かして、眼筋の柔軟性を養う訓練だ。

次ページにあるトレーニング表の指定ポイントを、①→②→③→④→⑤→⑥とリズムをつけて、できるだけ速く、視点の「移動」「停止」を行なう。

丸数字の間の○はすばやく飛ばし、各ポイントで心持ち視点を止める。

3回繰り返したら、今度は逆まわりに、⑥→⑤→④→③→②→①と視点の「移動」「停止」を行なう。

これを1分間、交互に行なってみよう。

だんだん慣れてきたら、図形全体を視野に収めて、視覚意識のみを「移動」「停止」させていく。そうすると、目はほとんど動かず、視点意識だけが自由に移動できるようになる。

1分間で初めは30回ぐらい、次第に40～60回とスピードをつけていく。

さあ、気持ちを落ち着けて、スタート！

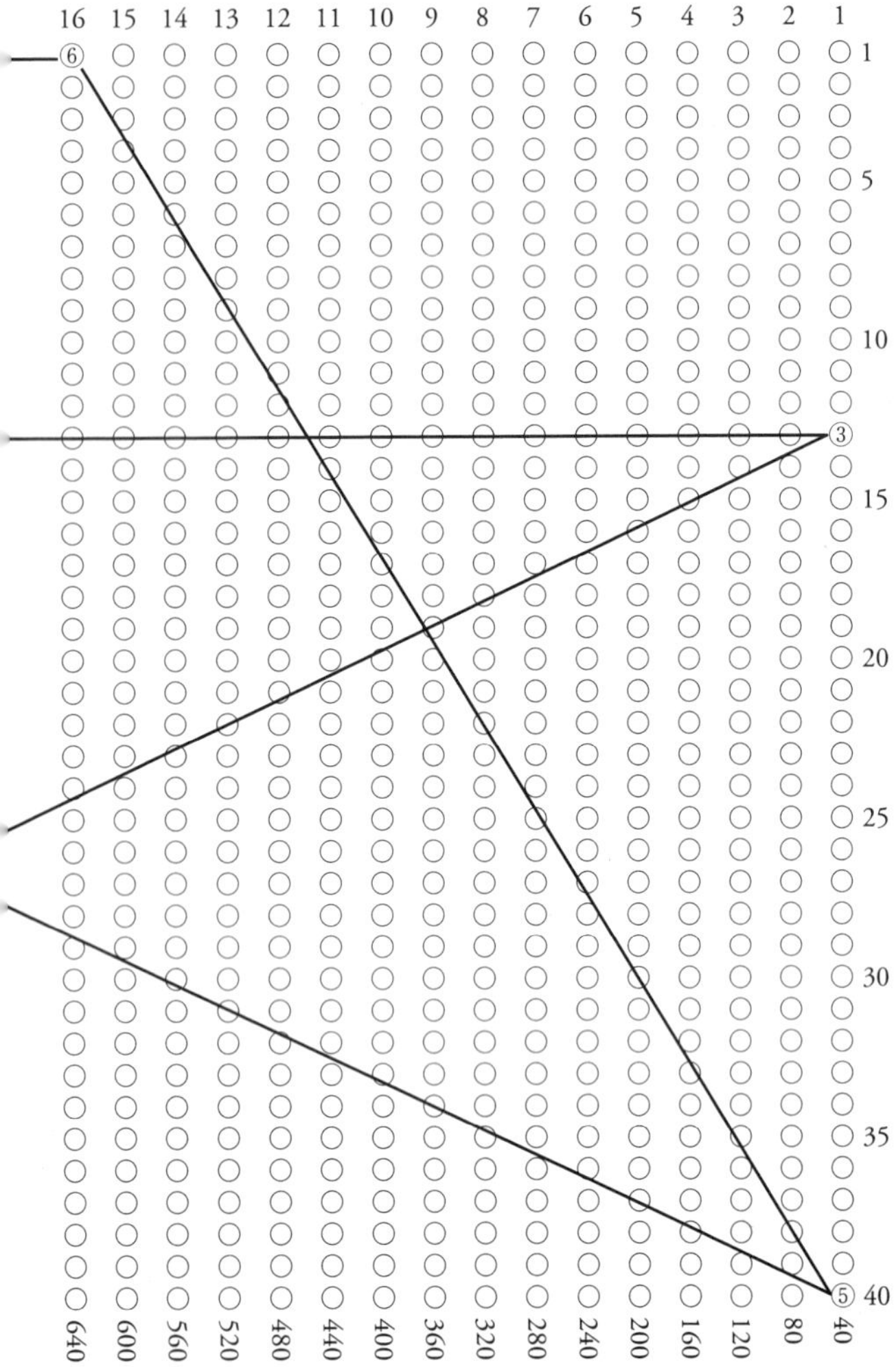

16 15 14 13 12 11 10 9 8 7 6 5 4 3 2 1
1
5
10
15
20
25
30
35
40
640 600 560 520 480 440 400 360 320 280 240 200 160 120 80 40
⑥
③
⑤

視点移動トレーニング

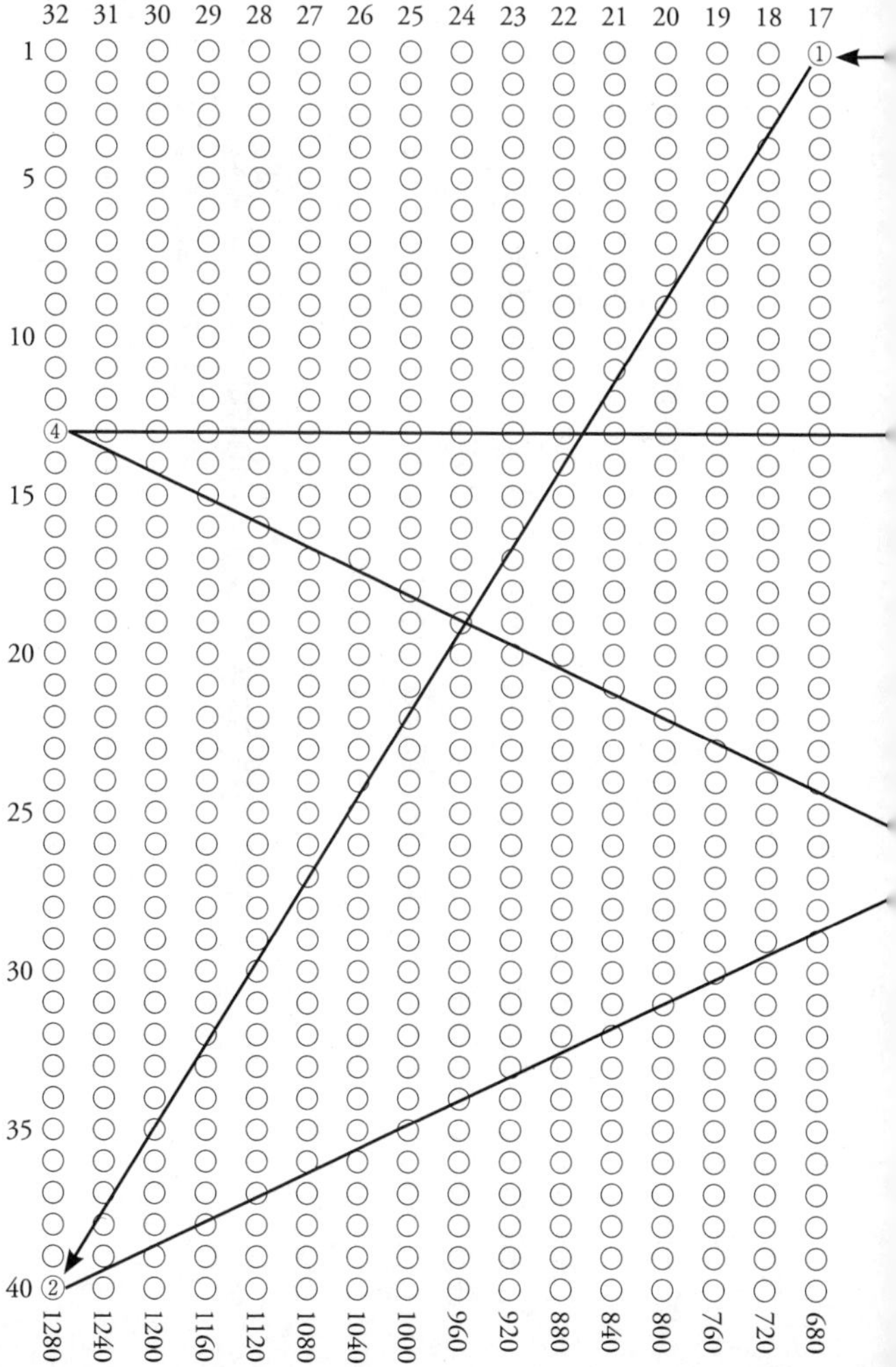
32 31 30 29 28 27 26 25 24 23 22 21 20 19 18 17
1
5
10
15
20
25
30
35
40
①
②
④
1280 1240 1200 1160 1120 1080 1040 1000 960 920 880 840 800 760 720 680

欧米型速読理論⑥

スキャニング技法で、高速情報検索の読書

スキャン（scan）とは、すばやく移動するといった意味である。

たとえば、ＣＴスキャンは脳の検査でおなじみだ。その検査能力は極めて速い。体内に瞬間的に電磁線を走査させ、これを画像にしてしまう。それと同じようにスキャニング（scanning）は、視線をすばやく移動、走査させ、その全体像をつかみながら、目的の情報を検索することをいう。

ＮＴＴのあの分厚い電話帳から、友人の名前をすばやく探すことも、また何百～何千ページという百科事典の中からその項目を探すのもスキャニングだ。このようなことは誰でもやっている。この方法を、電話帳や百科事典ではなく、あなたの読みたい本にも当てはめるのだ。

普通の本にスキャニングを応用するコツは、読書目的を明確にすることだ。それによって、いくつかの言葉、またはテーマに、自分の関心がぐんと高まる。

自分の関心が高まると、関連する脳神経ネットワークの感度が高まるため、関心の分野が不思議によく見えてくる。たとえば、試験の合格発表の時に、掲示板に出ている名前や番号の中で、自分の名前や番号が特別浮き出て見える、また手紙や文書の中で、自分の名前だけは、濃く大きく浮き出たように見える、といった経験はないだろうか。人によってはゴシック体のように見えるという人もいるほどだ。いずれも自分の関心、すなわち目的を明確にしたからこそ成し得たことである。

目的に向かってまっしぐら！

スキミングもスキャニングも全体を見渡していくのだから、用いる方法は同じだが、目的とスピードは異なる。スキミングは全体・概観をつかみながら、要点を把握していくのに対して、スキャニングは全体を見るが、他のものには目もくれず、自分の目的のみを検索していく。だから猛烈に読書速度が速くなる。

たとえば、初めて手にする分厚い本でも恐れずに、これを開き、ぱらぱらとページをめくってみよう。目次や索引、ページ中の見出し、イラストなどの助けを借りて、本を概観する訓練を続ければ、短時間で、自分の必要なものだけを探し当てることができるようになる。

スキャニングに熟達すれば、分厚い本さえも短時間で読破できるのだ。数ある情報の中から、他のものには目もくれず、自分がいま必要としている情報、それだけを探すのである。たとえ1000ページの本でも数か所探せばいいのだから、1分もあれば可能だ。

分厚い本でも恐れずに、バリバリ、ページを読み進めよう。スキャニングを実行して、読書範囲を広めるならば、思わぬ大きな収穫が得られるということだ。

繰り返すが、スキミングにしても、スキャニングにしても、目的がはっきりしているほど、そのスピードは速くなる。「目的の明確化」がスキャニングの最大のコツだ。

ちなみに、東大名誉教授の竹内均氏は、これまで200冊以上の本を書き上げているが、これはふだんから目的意識をもって情報収集をしてきたから可能だったという。常に100程度のテーマを追いながら、その中から目立った情報は1200文字の断片にまとめ、これが100たまったところで本にまとめるというわけだ。

目的を明確化して得た多くの情報によって、多くの成果を得たわけである。

スキャニング・トレーニング（1分）

これはスキャニングとキーワード読みの組み合わせ応用型で、あなたの必要としている特定のテーマを詳細にわたってすばやく把握する訓練である。

次ページのテキストについて、あなたは特定テーマ「野ばら」を探すまでは、途中の文章には目もくれずに通過する。

ちょうど、あなたが新聞や雑誌を読んでいるときに自分の興味のないところは飛ばし、関心のあるテーマだけをじっくり読むのと同じだ。

所要時間は1分間。

できるだけ速く探し出せるよう集中してからページをめくってほしい。

その後、「野ばら」に関する情報をどれだけ得ることができたかを確認するため、もう一度本文全体に目を通してみよう。

では、心を落ち着けてスタート！

●スキャニング・トレーニング（総文字数1100字）

野ばら

夏の山路を旅した時の事である。峠を越してから急に風が絶えて蒸し暑くなった。狭い谷間に沿うて段々に並んだ山田の緑を縫う小道には、とんぼの羽根がぎらぎらして、時々蛇《へび》が行く手からはい出す。谷をおおう黒ずんだ青空にはおりおり白雲が通り過ぎるが、それはただあちこちの峰に藍色《あいいろ》の影を引いて通るばかりである。咽喉《のど》がかわいて堪え難い。道ばたの田の緑に小みぞが流れているが、金気を帯びた水の面は青い皮を張って鈍い光を照り返している。行くうちに、片側の茂みの奥から道を横切って田に落つる清水《しみず》の細い流れを見つけた時はわけもなくうれしかった。すぐに草鞋《わらじ》のまま足を浸したら涼しさが身にしみた。道のわきに少し分け入ると、ここだけは特別に樫《かし》や楢《なら》がこんもりと黒く茂っている。苔《こけ》は湿って蟹《かに》が這《は》うている。崖《がけ》からしみ出る水は美しい羊歯《しだ》の葉末からしたたって下の岩のくぼみにたまり、余った水はあふれて苔の下をくぐって流れる。小さい竹柄杓《たけびしゃく》が浮いたままにしずくに打たれている。自分は柄杓にかじりつくようにして、うまい冷たいはらわたにしむ水を味おうた。少し離れた崖の下に一株の大きな野ばらがあって純白な花が咲き乱れている。自分は近寄って強いかおりをかいで小さい枝を折り取った。人のけはいがするのでふと見ると、今までちっとも気がつかなかったが、茂みの陰に柴刈《しばか》りの女が一人休んでいた。背負うた柴を崖《がけ》にもたせて脚絆《きゃはん》の足を投げ出したままじっとこっちを見ていた。あまり思いがけなかったので驚いて見返した。継ぎはぎの着物は裾短《すそみじ》かで縄《なわ》の帯をしめている。白い手ぬぐいを眉深《まぶか》にかぶった下から黒髪が額にたれかかっている。思いもかけず美しい顔であった。都では見ることのできぬ健全な顔色は少し日に焼けていっそう美しい。人に臆《おく》せぬ黒いひとみでまともに見られた時、自分はなんだかとがめられたような気がした。思わずいくじのないお辞儀を一つしてここを出た。蟬《せみ》が鳴いてて蒸し暑さはいっそうはげしい。今折って来た野ばらをかぎながら二三町行くと、向こうから柴を負うた若者が一人上って来た。身のたけに余る柴を負うてのそりあるいて来た。たくましい赤黒い顔に鉢巻《はちまき》をきつくしめて、腰にはとぎすました鎌《かま》が光っている。行き違う時に「どうもお邪魔さまで」といって自分の顔をちらりと見た。しばらくして振り返って見たら、若者はもう清水《しみず》のへん近く上がっていたが、向こうでも振り返ってこっちを見た。自分はなんというわけなしに手に持っていた野ばらを道ばたに捨てて行く手の清水へと急いで歩いた。

（小宮豊隆編『寺田寅彦随筆集第一巻』岩波文庫より）

欧米型速読理論⑦
ホリゾンタル・リーディング（水平読み）で二次元読み

英語の速読技術の一つとして、水平な文字のラインと十字を切って、垂直に視線を移していく読み方がある。これによって、1視点に1行〜数行ずつ視野に入れて、一気に読んでいくことができる。これを日本語に応用するのだ。

日本語の場合、通常は、小学生の頃からの習慣で、最初の行を垂直に上から下に読み、また、次の行に移って、上から下へ……といった上下垂直読みをする。しかし、この方法では本文全体をくし刺しにするように、行の真ん中のあたりを左に水平に向かって視線を移動していく。

これによって、視界の範囲は、線という一次元から面という二次元に拡大し、視界は一挙に拡大する。

水平読みと垂直読み

縦書きの文章（「YAHOO! Internet Guide JAPAN」より）

水平読み

　砂埃が舞う大通りから一本入った路地に、その一画はあった。地元の人に聞き込みをしつつ、ようやく見つけた町並みに心躍らせながら、足を踏み入れてみる。道を行きかう自転車やバイク、色あせた建物の壁、傾いた電柱に奪い合うように張り巡らされた電線……パッと見はインドの都市部でよく見られるフツーの光景。けれど、店の看板や、道路の上の横断幕などをよくよくチェックすると、「COMPU

横書きの文章（「医学会誌」より）

垂直読み

感染症の予防とは異なり、成人病の予防は個の医学である。肥満、高血圧、動脈硬化、糖尿病、ガン等の成人病にかかりやすい人とかかりにくい人がいるし、それぞれの予防法も異なるからである。予防の中心は、食事と運動である。我々の口にする食品の中には、従来から知られている栄養素の他にさまざまな生理活性をもつ機能物質が含まれている。

この水平線を左に移動しながら、あたかも磁石でまわりの重要な語句を引きつけていくように読み進むのである。その際、本全体を視野に入れることが大切だ。

垂直読みから水平読みへ、なかなか切り替えられない人もいるかもしれないが、初めは、新聞など1行あたりの文字数が少ないもの、次に雑誌、その次は新書、文庫本……という具合いに次第に行の長いもので練習するといいだろう。

最初は1行ずつ、次に2〜3行ずつ視点を移動する。もし、あなたがこの間、文章の流れを見失ったときには、中心部だけでなく、上下両側にあるキーワードを視読して流れをつかもう。キーワードを中心に視野を拡大して、文章の大意を理解していくのだ。この場合、文章の大意やイメージをつかめれば良いのであって、一文字一文字一〇〇%理解する必要はない。

横書きの文章を垂直読みする場合も同じである。

左右水平の視線移動を止めて、文の真ん中あたりを上下垂直に移動させればいいのである。そうすれば言葉が自然と目に入ってきて、頭の中でそれがイメージとなり、再構成される。

この方法だと、重要語ごとにあちこちへ視線を飛ばさずにすむので、比較的混乱することなく読み進むことができる。とくにスキミングやスキャニングをするときや、またメイン・アイデアを把握する際に組み合わせると非常に効果的だ。

ちなみに欧米の人の場合、もともと横書きしかないので、これを垂直読みしていくことには抵抗がある人が多い。しかし日本人の場合は、「縦書き」「横書き」の両方に慣れているので、視点を「垂直」「水平」と移動させること自体はすぐにできるはずだ。

日本語は、速読には有利な言葉なのである。

上下視野拡大トレーニング（1分）

縦書きのページの異種情報をすばやく感知し、視点を一瞬そこに停止できるようにする。頭は動かさないで、視点のみ移動しよう。一定のリズムで視野を広くし、①↓②↓……⑩まで行き、また①へ戻る。これを1分間繰り返す。指定ポイントに一瞬停止したら、線はなぞらず、すばやく次へ飛ぶ。はじめは目を動かさないとできないかもしれないが、慣れてくれば、目は動かさなくとも全ページを視界に納め、視覚意識だけを移動できるようになる。

視幅拡大トレーニング（1分）

「上下視野拡大トレーニング」が縦書きのページのためのものであるのに対して、これは横書きのためのもの。すなわち、英文や横書き雑誌、論文等の異種情報キャッチに役立つ。要領は先ほどと同じ。視覚意識だけを移動できるようにしよう。

これら基礎トレーニングはおもに右脳を鍛えるためのもので、本文の論理的思考

（左脳）を使った速読技術とバランスよく練習していくと効果的である。

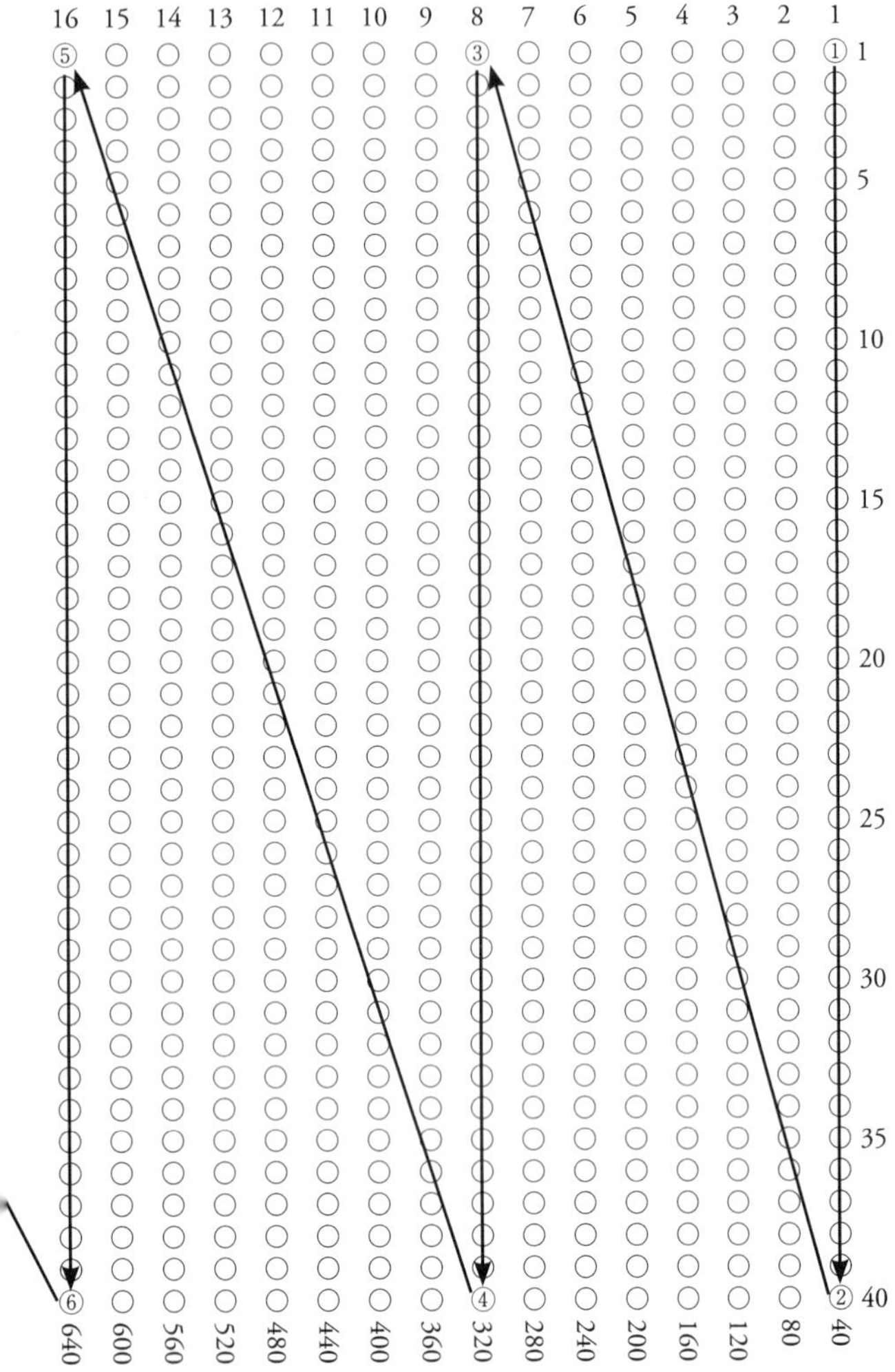
16 15 14 13 12 11 10 9 8 7 6 5 4 3 2 1
1 5 10 15 20 25 30 35 40
① ② ③ ④ ⑤ ⑥
640 600 560 520 480 440 400 360 320 280 240 200 160 120 80 40

上下視野拡大トレーニング

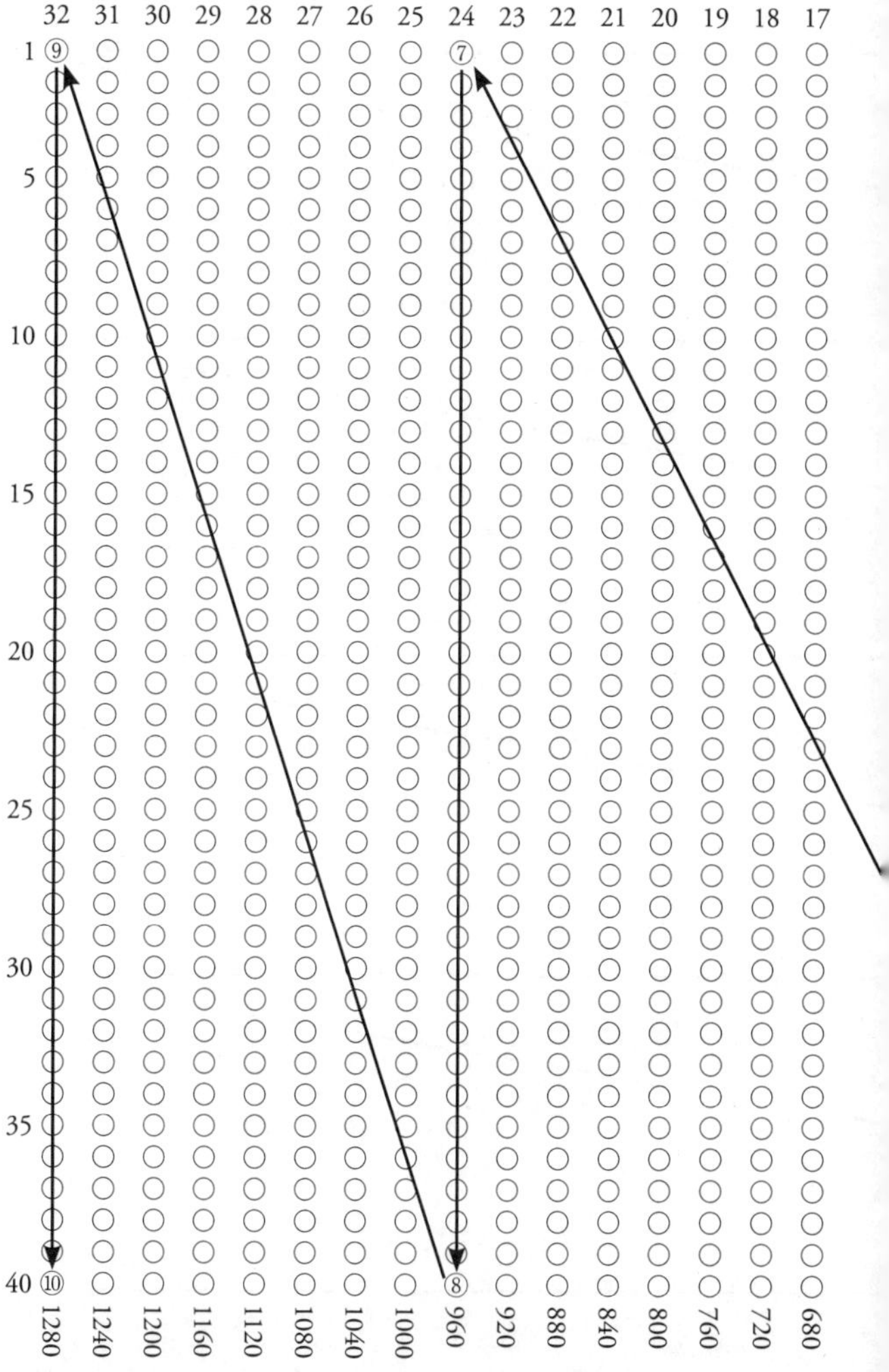

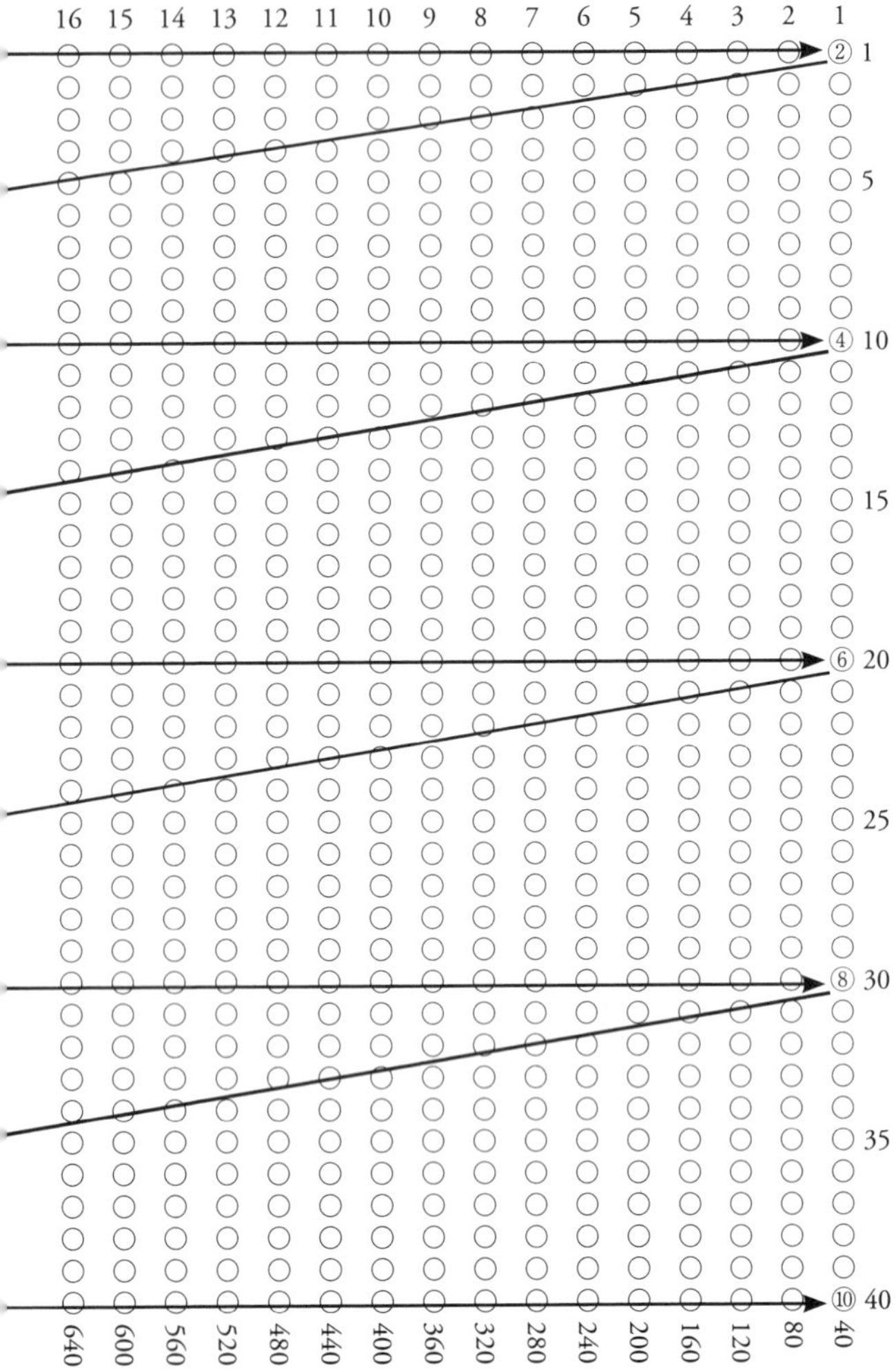

16 15 14 13 12 11 10 9 8 7 6 5 4 3 2 1
② 1
5
④ 10
15
⑥ 20
25
⑧ 30
35
⑩ 40
640 600 560 520 480 440 400 360 320 280 240 200 160 120 80 40

視幅拡大トレーニング

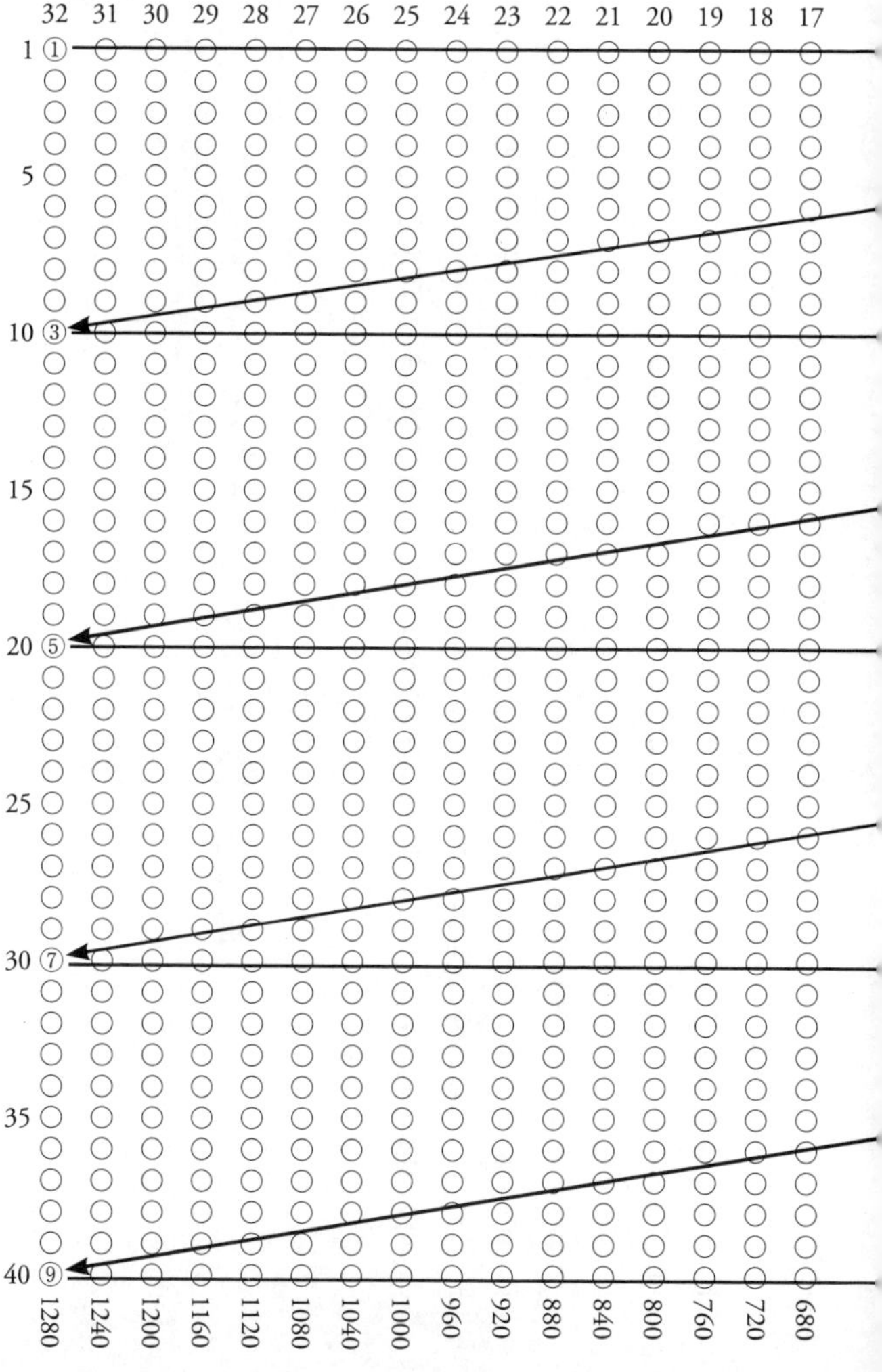
32 31 30 29 28 27 26 25 24 23 22 21 20 19 18 17
1 ①
5
10 ③
15
20 ⑤
25
30 ⑦
35
40 ⑨
1280 1240 1200 1160 1120 1080 1040 1000 960 920 880 840 800 760 720 680

欧米型速読理論⑧

ピン・ポイント・リーディングで一発的中読書

読書が遅い人は、本に書いていることを几帳面にすべて読み、すべて記憶しなくてはならないと思っていることが多い。これでは、あまりに時間がかかる。いつもせわしなく多忙な割には、読書スピードは遅く、成果はあまり上がらない。読むべき本は溜まる一方で、せっかく前に読んだ本の内容も、時間の経過とともに忘れていく。

これについて、こんな話がある。

速読を習いに来たあるアメリカの女子学生がいつも忙しそうにしていて、余裕のない生活をしていたので、先に登場したピーター・カンプ氏が、彼女に「なぜそんなに忙しくしているのだい?」と尋ねた。そうしたら、その学生はこう答えたという。

「学校で先生が講義されたことを、すべて学ばなければならないと思って、自分の全時間を使って一生懸命勉強しています」

そこで、カンプ氏が「学校の先生はそんなにすべてを学べとは期待していないと思うよ」といったところ、彼女は疑わしそうにしていたそうである。

その後、彼女が、ニューヨーク州立大学の先生をしている兄に確認したところ、兄は次のように答えたという。

「学生がすべてを学ぶことなんて期待していないし、同僚の先生たちも同じ意見だ」

むしろ、先生は生徒に、何を学んでほしいかというポイントを理解し、その重要な部分だけを学ぶことが大切なのだといったという。

このことは、読書にも当てはまる。

ゆとりをもって短時間に大きな収穫を得るための能率学の基本である。

仕事は、比重（ウエイト）をかけたり、メリハリをつけずに、だらだらとやっていたのでは、遅いだけで成果が上がらない。

読書の場合にも、すべてを満遍なく理解して読むのでなく、著者または読み手の自分がそこから何を期待しているかというところに焦点を合わせ、これに向かって進むときにこそ、読書スピードが格段にアップするのだ。

そこで、各自で次の判断をしてみよう。

①現在読もうとしている本やそのページは、自分の長い人生にとってどのような価値と意味があるのか、その位置づけを考える

自分にとって価値のないものを、惰性で読むのは時間の浪費だから、そんなときは遠慮なくその本（ページ）に見切りをつける。

②位置づけをしたうえで、自分はその本（ページ）から何を期待しているかを明確にする

まずは目的を明確化する。それによって、確実にその目標に到達できる。これをピン・ポイントという。「正確に目的に到達するミサイル」の方法である。

このように、目標を明確にしているから、いくら長い分厚い本であっても、短時間で正確に目標に必要な情報を入手できるのである。目標をしっかりと正確に自問自答する、これは数秒でできることなので、習慣化するとよい。

これによって読書は著しく進歩するだろう。

欧米型速読理論⑨

トレーシング技法で個人頭脳情報ネットワークを構築する

トレーシング（tracing）とは痕跡をつけるという意味である。

本を読むと、本に書いてある情報と読者としての自分との間に、目には見えないが情報の糸（つながり）ができる。たとえば、「あの本のあのページにあった」などと、以前読んだ本をもう一度探してきて、該当ページを読むといったことを誰しも経験したことがあるだろう。

トレーシングとは、つまり本の中に記憶の痕跡をつけ、そのたどるべき情報の糸のつながりをつくることである。

こうした記憶を、コンピュータの記憶装置にたとえて考えてみよう。

コンピュータには、中央演算装置（ＣＰＵ）というものがあるが、これ自体のメモ

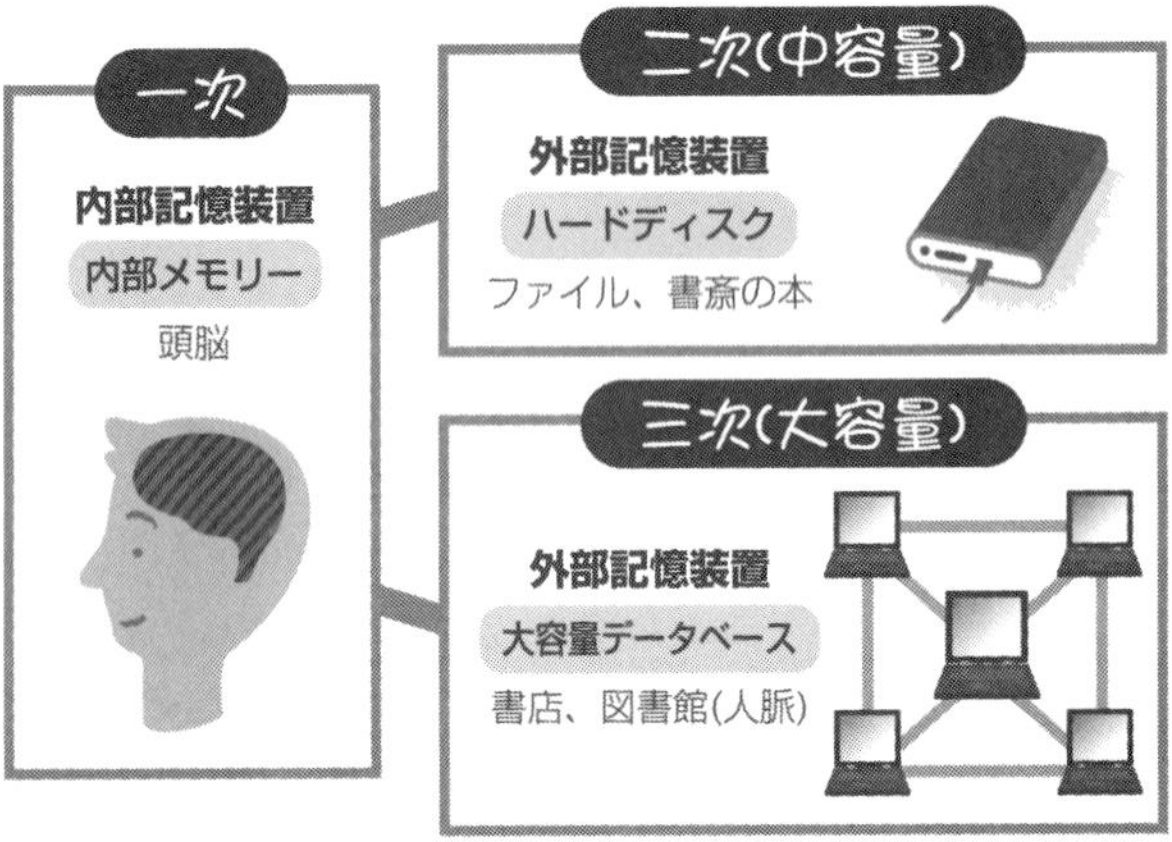

リー（記憶容量）はそれほど大きくない。これが第一次メモリー（記憶）である。しかし、そのまわりに、ハードディスクなどがあって、これを助けている。これが第二次記憶装置である。

その外にインターネットによるＹａｈｏｏ！やＧｏｏｇｌｅといった膨大なデータベースが繋がっている。これが大容量の第三次記憶装置である。

だから、一次の内部メモリーが小さくとも、二次、三次のデータベースとつながることにより、膨大なデータを利用できるのだ。

コンピュータと人間の頭脳とを比較してみると、脳の中心にある大脳は、コンピュータの中央演算装置と比べて巨大ではあるが記憶容量には限界がある。すべて何から何まで記憶しようとすれば、頭脳内部で収拾がつかなくなり、混乱してしまうだろう。そこで利用できるのが、このトレーニングによって情報の糸のつながりをつけることである。

前ページの図のように、直接頭脳に記憶されている情報は、すぐにも利用できる一次内部記憶である。過去に痕跡をつけて情報の糸を結んでいる本は、自分が手をつけた本として、まったく手をつけていない本に比べて、だんぜん利用しやすくなる。これが二次記憶となる。

読んだことのない図書館や書店の本などは、情報の糸をつけなければ、なかなか利用しにくくなるが、速読によって情報の糸をつけると、利用できる二次記憶に変化してくる。

このようにして自分自身の巨大な頭脳ネットワークが構築されていく。

頭の中に上手に情報をインプットする方法

個人の頭脳には限りがあるが、このように速読によって膨大な個人頭脳情報ネットワークをもつとそれだけ記憶容量が拡大したことになり、自分の利用できる知識は格段に多くなる。つまり頭脳の能力がぐんとアップすることになる。

情報の糸は、速読だけでもできるが、更に情報の糸を太くするには、

①マーカーをつける
②書き込みをする
③アンダーラインをひく
④そのテーマについて考える

などの方法がある。情報は頭の中に刻み込まれると情報の糸は更に太くなり利用しやすくなる。

『人間この未知なるもの』という著書を書いたフランスのノーベル医学賞受賞者アレキシス・カレルは、その本の中で「この目に見えない糸がもし見えるならば、個人によって、巨大な糸をまわりに張りめぐらしている人もおれば、貧弱な糸をわずかしか張っていない人もいる」と書いている。

情報の糸は目には見えない。しかし、情報を張りめぐらしている人は、実績を上げた人の中にすぐに確認できる。

たとえば、作家で評論家の谷沢永一氏（関西大学名誉教授）は、20万冊の蔵書をも

っているといわれているが、これらの蔵書を読んで、膨大な情報ネットワークを構築していることがイメージできる。また、作家の司馬遼太郎氏の頭脳の中をイメージした記念館が大阪にあるが、これまた図書館のような膨大な蔵書であった。

このような膨大な情報を自分のものとするためには、トレーシングによって情報の痕跡を残さなければむずかしい。もちろん情報の糸は印象に残るものほど太くなる。

スキミングやスキャニングで得られる糸は、それほど太くはないかもしれないが、その糸のネットワークの範囲は膨大に広がる。人間の知恵や知識、能力の範囲というのは、速読によるトレーシングで、頭脳情報ネットワークを広げることにより、どんどん拡大していくのである。

欧米型速読理論⑩

流れにスムーズに乗るための文書パターン認識

ホワイトハウスのエリート・スタッフに速読を指導した前述のピーター・カンプ氏は、あるとき、「どうしてあなたはこんなに速く読書ができるのですか?」と聞かれたので、こんなふうに答えたという。

「それは一言ではいえません。それはちょうど自動車のドライバーに対して、あなたはどうしてそんなに速く自動車を運転できるのですかと聞くのと同じです。それは自動車の調子にもよります。そのときの道路の状態、たとえば折れ曲がっている悪路とか、ストレートな高速道路とか、その日のドライバーの体調、いつまでに目的地に到達せねばならないかとか、そのときの気候にだって、とても影響されます」

読書も同じで、内容のやさしさ・難しさ、テーマに対する読者の慣れ、習熟度、読者のその本に対する興味やニーズの度合い、その本の構成などでも異なってくる。

読書とは、読者と本の著者との知的な交流、面談作業であるから、このように異なるのは当然だ。だから、単純に同じ方法で読まないで、内容ごとに、あるいは各ページごと、章ごとでも、戦略的にその読み方を変えていくのがもっとも効率的な読み方だ。

その一助として前述のニラ・バントン・スミス教授が、速読用にさまざまな文章を分析しているので、ここでは日本語にも応用できるパターンを五つ紹介しよう。

①経験共有型（著者の経験を読者と分かち合うパターン）
筆者が自分の個人的な経験を読者に伝え、ともにその経験を分かち合ってもらおうという場合だ。一般的に、文章もやさしく自分に話しかけていくようなスムーズな流れなので、読者はその文章を一気に、スラスラ読み進めることができる。

②質疑応答型
たとえば、「時間とは何であろうか」といった具合いに、初めに問いかけを提示し、それに著者が答えていくという形式である。著書の狙い（メインアイデア）がはっき

りその質問に示されているので、他のことを考えるまでもなく読み進めればよい。

③情報提示型

このパターンは、あることについての詳しい情報を伝える形式なので、確認するのは容易である。しかし、それに関する情報は非常に詳細を極める場合が多いので、あなたは読書スピードを調整し、もし、その情報について興味があれば、注意深く読むべきである。自分の時間と相談し、当面興味や必要がなければ飛ばす。

④意見証明型

著者の意見とその証明根拠を説明するパターンである。この場合、著者は「私は考える」とか「私はこう思う」「私の意見では」といった表現を使う。こうした言葉が出てきたら、まず冒頭の著者の意見をしっかりと理解し、その理由と根拠が必要なら見つけるようにする。

⑤技術の証明型

最初に結論がきて、そのあとでその結論を証明するさまざまな説明が続く。このようなパターンはテクニカルな内容の論文調の文章に多い。もし、この結論の証明に興味があるならば、注意深くその説明を特性要因図（123ページ参照）などで分析していく。証明が必要ないのなら、最初の結論だけを読めばいい。

文章の流れを示すワードシグナルに注目！

私たちは日常、道路を歩いたり、自動車を運転するときに、信号や標識に従って行動している。皆がそれを守っているからこそ、スムーズに交通できることを知っている。

実は読書の世界でも、「ワードシグナル」と呼ばれる、さまざまなルールがあることをご存じだろうか。

文章には文脈、すなわち文章の流れというものがあり、その方向に向けてとうとうと流れていく。したがって、これらの信号によって流れの方向性を見定めることにより、道路を熟知した名ドライバーのように、速くよいドライブ（読書）を楽しむことができるのである。

主役はおもに「接続詞」だ。信号になぞらえていえば、次のようになる。

①青信号

「そして」「さらに」「また」などで、これはそのあとに同じ方向の文章が出てくるということ。これが出てきたときは、同様の論調が続くものと思えばいい。ただし、「したがって」「であるから」などの場合、これらの後に続く内容は、前と同じ方向ではあるが、前の部分よりもより重要なことが語られることになる。速度指示ともいえよう。英語なら「and」「so」などでつづられる。

②赤信号

「結論として」「おわりに」「最後に」「まとめると」などがあり、前の文章と同じ方向であるが、最終的な結論が示され、次の文章でその流れが終わることを示している。すなわち、これで行き止まりで、重要な結論が語られるという標識だ。英語では、「lastly」「finally」などになる。

③黄信号

「しかし」「だが」などである。文章の方向・流れが、この後逆転するので、要注意という標識。日本語では、「しかし」の代わりに、「……であるが」などと「が」を使

うことも多い。この「が」がなかなか曖昧な接続詞で、ときに「ので」「そして」といった意味をもつことがある。英語では「but」といった明確な言葉がある。

このほか、日本語には、特有の婉曲表現が多く、「……と思われる」「……かもしれない」など、あえて白黒つけたくないときの表現が多い。それらにも注意が必要だ。

もちろん、これらを一つひとつ覚えておく必要はないが、言葉にも信号というものがあると意識しておけば、読み進めていくうちに文章パターンがつかめるようになる。

ＱＣ速読術……日本が誇るＱＣ（品質管理）生産技術を応用した速読術

今度は、私が大手製薬会社のＱＣ担当責任者であったころ、また、その後に学術情報担当の責任者をしていたときに体得したＱＣ技術や情報処理技術を応用して、読書効率を上げるためのＱＣ速読理論を10項目に厳選して紹介しよう。

QC速読理論①

QC重点管理の法則で5倍速読書を達成!

品質管理(以下、QC)の重要法則に「パレートの法則」がある。「2・8《にっぱち》の法則」とも呼ばれ、高品質で大量の製品を処理するための重要法則、重点管理の技術の一つとして知られている。この法則は、もとをたどればイタリアの経済学者、パレートが見い出した法則で、イタリア国内の富の配分を研究していたところ、同国民の2割の人数が、その国全体の富の8割を持っていることがわかったことに由来している。

この法則はさまざまな分野で応用され、たとえば、経営用語では「ABC分析」と呼ばれ、上位2割の品目数あるいは得意先数が、利益または売上の8割を占めるので、この上位2割を重点的に管理、攻略すればいいという分析に使われている。

また品質管理面では、問題点・クレーム点数の上位2割を解決すれば、クレーム全体の8割が解決する。何万という生産をすべて全数チェックするのは難しいから、代わりに2割を徹底的に試験し、全体の改善に応用するといったことにも利用される。

こうすれば、処理時間が2割（5分の1）になるから、時間あたりの処理スピードは5倍になる。

私はこの法則を知的生産である読書に応用してみることにした。

2割の本に目を通せば必要な情報の8割は手に入る

2・8の法則を読書に応用すれば、「本のなかの2割をうまく探して読めば、いまの自分に必要な情報の8割が獲得できる」ということになる。

本の中の情報をモデル化してみるとわかりやすいが、必要な情報Aが全体の2割で、自分に不必要な情報B、すでに知っている情報C、当面必要でない情報D、あるいは今の自分にはかえって有害な情報Eなどが、あとの8割を形成しているということになる。

本の中の2割を探して読めば、いまの自分に必要な情報の8割がわかるとすると、これだけで、読書時間は5分の1になる。スピードは5倍になるということだ。

かりに几帳面に、10割の時間をかけて10割の内容を完璧に獲得しようとしたとしても、結局、余分に使った8割の時間の労力で、自分に必要な情報の残りの2割の内容が得られるだけだ。つまり、2割の時間で必要情報の8割を得るのに比べると、非常に大きな労力のロスが発生する。

もっというならば、たっぷり時間をかけて10割獲得を目指しても、実際には、途中で、さまざまな雑用が入ってきたり、理解不足などで10割完璧達成は不可能なのである。

これは、10ページの中では、重要なのは2ページだけ、同じく、1ページの中でも、その中の2割を読めば、そのページの必要な情報の8割が入手できるということだ。

上智大学の渡部昇一名誉教授は、「本を効率的に速く読むためには、ある程度で見切りをつけることが大切だ」といったが、これはこの法則を巧みに応用したともいえる。

節約できた時間でもっとやりたいことができる

この2‐8の法則は、さらにこんなときにも応用できる。

たとえば、会議で10人の参加者がいるとすれば、2人の重要な人間（キーパーソン）を説得すればあとの残りの参加者はそれに従う。あるいは、仕事でやらねばならない案件が10あっても、そのうちの重要な二つを処理すれば、全体の8割は解決する。販売商品が10点あっても、そのうちの重要拡販商品として2品目を重点的に売ることで売上の8割を確保できるという具合い。

このようにして、すべての分野で、時間は5分の1に節約できる。そして余った5分の4の時間を自分がもっとやりたい創造的なことに回せばいい。考えてみると、この法則は人生全般の能率の法則ともいえるだろう。

まわりを見ても、几帳面でいつも忙しそうにして残業をしながら、仕事の山を処理できず、焦っている人もいれば、多くの重要な仕事を次々とこなしながら、ゆとりをもって、自分の好きな趣味なども手広くやっている人もいる。後者のゆとりをもった充実した人とは、おそらく無意識にでもこの重要法則を知って実行している人ではないだろうか。

この「2割の中に必要情報の8割がある」という法則を、読書に、そして人生のさまざまの場面に応用して、ゆとりある充実した人生を送ってほしいと思う。

◉「パレートの法則」トレーニング（1分）……実際に速読法則を体験してみよう！

全体の2割の情報の中に必要情報の8割を含むという速読法則を、実際の訓練によって潜在意識の中にたたき込んで自分のものとしよう。

①最初は次ページの記号で練習をする。1行40字中、2割（8文字程度＝●）が重要情報となっている。●は1行ごとに位置が異なるので、すばやくキャッチして、次の行に進む。

②すべて読み終えたら、今度は121ページの実際の文章に移ろう。各行40字に2割（8文字程度）のキーワード、重要情報があるはずだと意識して読む。

それでは、深呼吸をしてスタート！

「パレートの法則」トレーニング（記号）

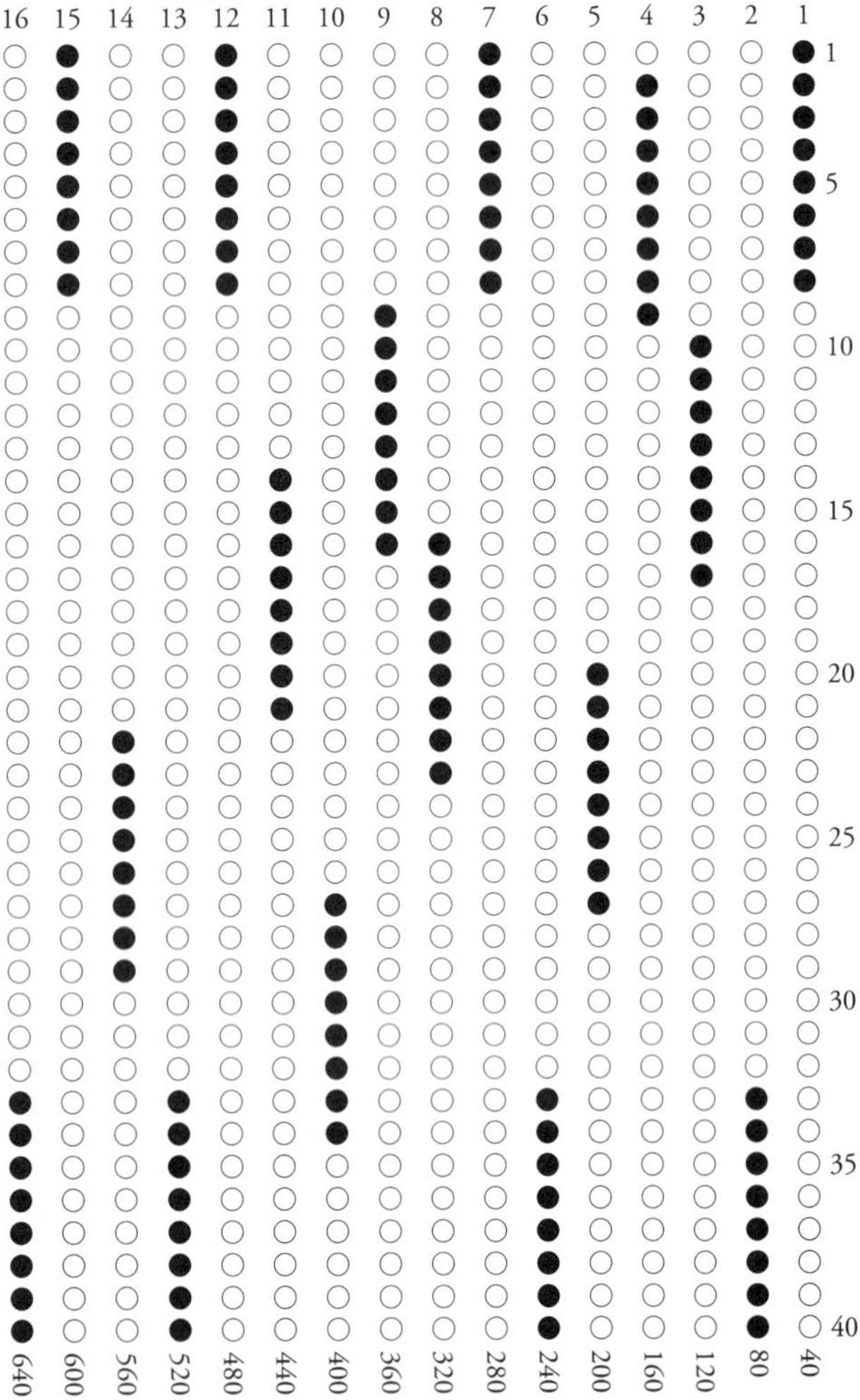

「パレートの法則」トレーニング（文字）

優れた女形の歌舞伎役者が悲しい役をするときには、舞台に上がる前に、あらかじめ冷たい水に手を入れて冷やすそうである。そうすると、身体が冷えて悲しい気持ちになり、本当に悲しい演技ができるようになるという。

このように、人の身体の状態は、内面の感情を大きく左右し、それが思考にも影響を与えていく。

反対に、つらく気持ちが沈んでいても、無理にでも笑顔をつくろうと努力すると不思議なことが起こる。自分もまわりも笑顔に合った雰囲気となり、ものごとを行なうにも、誰かと話をするにも、だんだん楽しい気持ちになってくるものだ。笑顔を向けられて悪い気持ちになる人はいない。たいてい笑顔を返してくれるはずだ。

実際、なんとなくその顔を見ているだけで、ほっとするような顔、温顔というものがある。仏教でも「顔施」という立派な奉仕があり、温顔で人に接することが、どれだけ人を安心させ、励ますことになるかを説いている。

笑顔によって、暗い陰気な雰囲気は明るく楽しい雰囲気へと変わってくる。そして、思考もプラスの方向へと向かっていく。どうしてこんなすばらしい方法に気がつかなかったのだろうか。

つらい時ほど微笑もう。これが人生を好転させるのである。

QC速読理論②
QC特性要因分析法で要点を一発抽出

特性要因分析法は、日本で独自に開発された優れたQC技術で、この技術のお陰で、日本が戦後いち早く、高品質の製品を製造できる国になり、先進国の仲間入りができたともいえるだろう。

東京大学の石川馨名誉教授と、川崎製鉄の現場スタッフとの共同開発によることから、「イシカワ・ダイヤグラム」とも呼ばれているこの分析法は、混沌とした数ある複雑高度な製品情報の中から問題点を整理し、その流れや構造を把握することで高い評価を受けている。重要点、問題点やその位置をすばやく知るのに有効な手法であり、日本で開発され、世界中のQCで広く使われている。

特性要因図は、大雑把に書くと魚の骨のような形になる。もちろん、魚の骨という

特性要因図

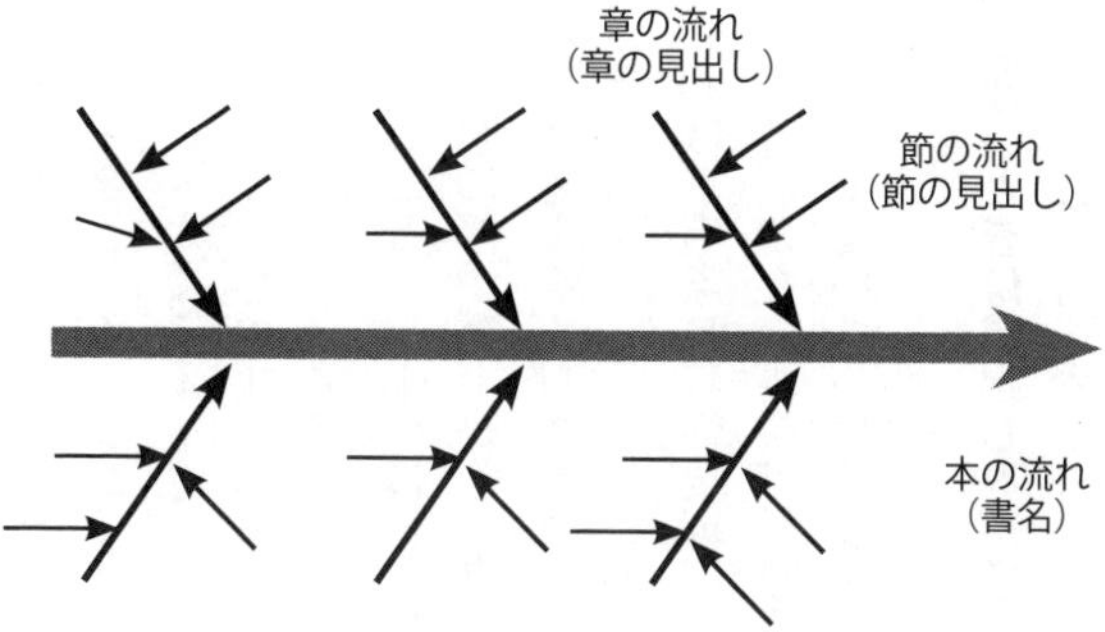

よりも、もっと細かく枝分かれできるので、ゴジラの骨とも呼ばれている。

この要点抽出の法則を読書に応用すれば、いかに複雑高度な分厚い本でも、まるで、料理されるまな板の上の鯛のように、美味しい材料に変わり、要点を簡単に抽出できる。

文章構造をつかめば読書スピードは10倍になる

この図の読書への応用法はさまざまある。

まず、一冊の本全体の構造要点をつかむためには、図にあるように真ん中の太線＝〔本の題名やメインテーマ〕を抽出し、次に上下につく太い骨＝〔各章の題名やテーマ〕を抜き出す。

続いて、各章の節、項目という具合いに、見出しやキーワードを順次、選び出すと考えればいい。

一冊の本にも、魚や人間の骨格のような構造があることがわかれば、ちょうど名料理人が魚をさばくときのように、正確かつ迅速に分析の包丁を入れることができ、さまざまな部分に切り分けながら、重点的なものから味わうことができる。

「ここがもっとも美味しい刺し身の部分」「ここは臓物で役立たないから捨てる」といった判断ができ、情報という魚を新鮮なうちに食することができるのだ。

こうすることで、本の構造全体を把握できるだけでなく、論調の流れ、筆者の結論などが鮮明に浮かび上がり、自分自身の評価、見解が出しやすくなる。これは、本全体を概観するときだけでなく、各章、各節、または各ページの要点をつかむときにも役立つ。

はじめは、実際に特性要因図をメモ程度に作りながら読書をしていくのも一つの方法だが、時間がない場合は、目次は、章や節の見出し集なので、目次を見てこれを頭にイメージで描いていけるようにすれば、それだけでも本の構造がわかる。

時間がないときは見出しを速読

なお、これに関連する方法として、本文中の見出しだけ、つまり小骨だけを探して拾っていく方法がある。

見出しは、それに属する文章のキーワードとして濃縮されている場合が多いので、見出しだけを読んで、それに属する文章全体をイメージしてみる。イメージがつかめたら、次の見出しに移っていく。当面、不要のところは飛ばす。必要なところは詳しく読む。

こうして、次々と池の上の石を渡っていくように、見出しや要点だけを拾って飛ばして読んでいくという方法は、評論家の竹村健一氏もやっている方法である。

そのテーマの内容をよく知っている場合で、目新しいことや今必要なことだけを読んでいきたいときなどにはとても役立つ。また、大幅に時間を節約できるだけでなく、内容を想像しながら読むので、イメージ力、想像力もついてくる。

この「小骨法」で、本の概要や流れをつかみながら読み進めれば、10倍以上のスピードを出せるのだ。

また、航空母艦方式といって、見出しを母艦（基地）として、そこから見出しに所属する文章の重要部分を飛行機が飛ぶように飛びまわり次々と次の母艦（見出し）に移っていく方法も私は使っている。

QC速読理論③

ジャスト・イン・タイム方式を読書に応用

国内だけでなく、世界中で活躍するトヨタの自動車は、大量に生産しながら、高品質を維持し、しかも大幅な利益を上げている。この要因の一つは、その独特の生産方式にある。

それは、世界でもっとも効率的な大量生産方式として知られる「トヨタ看板方式」だ。

別名「ジャスト・イン・タイム方式」と呼ばれるこの方式は、自動車の各部品メーカーが商品をトヨタの工場に納めるために、それぞれの納期と数量を看板に掲げて納入するというもので、看板に掲げた以上、その納期は確実に守られる＝ジャスト・イン・タイムで納入が完了し、効率的に生産を進めることができるようになった。

これを知的生産である読書にも適用しようというのである。

つまり、だらだらと読み進めるのではなく、読書量と読書時間を明確に設定して効率を高めるということである。たとえば、一冊の本、章、または1ページを何時何分までに読み終える。あるいは、15分でこの本を何ページ、あるいは何章読むといった具合いである。

私の場合は、原則として読書単位を1単位15分と決め、1単位に何ページ読むかを決めていった。漠然としていた読書時間も単位制に変わり、一層数量的管理がしやすくなった。

これによって、脳や目をはじめ、身体の各部品は総動員体制をとることになり、集中して目標の達成にあたることで、比較的容易に、納期どおりのページ数量をこなすことができるようになる。

別のいい方をすれば、本を気の向くままに読み進み、終わったら何分かかっていたというストップウォッチ方式から、何ページを15分で読み終えるといった逆算タイマー方式に切り換えることにほかならない。

こうした速読技術をうまく組み合わせることで、空き時間は何分あるのだから、この速読パターンで読もうといった戦略的読書ができ、必要な情報をもっとも短時間で読むことが可能になる。

時間どおりに読み上げてしまうので、積ん読や読み残しの本が机の上に山積みになったり、読みたい本がたくさんあるが、読めないのであきらめた、といった焦りや不満、鬱積も次々と解決していく。

このジャスト・イン・タイム方式も、仕事、人生すべてに応用できる能率学の法則だ。

QC速読理論④
QC散布図法の応用で重要情報をねらえ

QC技法の一つである散布図法は、本来、縦軸と横軸をグラフにとり、その散布状態から、相関関係を見るためのものである。たとえば、縦軸に身長、横軸に体重を取ると、分布状態は、斜め右上に広がり、相関関係が深いことがわかる。

これを、読書に応用する場合、まず、分布図を本のページに見立て、横軸を行、縦軸を列とする。さらに立体グラフにするために、あなたにとっての情報の重要度・必要度を上下軸とすれば、次ページの図のように重要な部分ほど盛り上がってくる。

重要部分が盛り上がってくるなどというと、変に思う人もいるかもしれないが、これはたとえば、電話帳や合格発表のリストなどにあなたの名前が載っている場合、その部分が盛り上がって浮き出てくるような感じになることである。これは、脳とい

一冊の本でも、文字に含まれる情報の重要性はこれだけ差がある

う高度なセンサーが、文章の重要度を感知しているためと思われる。

つまり、ここで述べたいのは、本のページというのは重要情報が満遍なく全ページに分布しているのではなく、あちこちに散布されているということである。

あちこちに分散されているということは、本を読むにつれて必要な情報が徐々に手に入るということでもある。

では、自分にとって重要な情報を確実に獲得し、重要でない情報には時間をかけずに、全体の読書スピードを上げるには、どうするか。

何も頭から終わりまで棒読みで平面的に読んでいくことはない。必要に応じて、比重（ウエイト）を変えていくのである。

深く読むところ、浅く読むところ、緩急使い分けることが大切だ。

結局、それには読書経験を積み重ねて得るカンに頼る部分が大きいが、140億個の集積回路（脳細胞）をもち、どんなスーパーコンピュータよりも優れたあなたの脳が潜在的に備えている機能なのだから、もっと信用して活用すべきである。

トラック一杯分の本を、あっという間に読み終える

「ポイントだけを読む」――読書の達人は、これを無意識にやってのけてしまう。

綿密な資料分析をもとにダイナミックな名著、歴史小説を数多く執筆した司馬遼太郎氏には、こんな逸話がある。

司馬氏は、一つの小説を書くときに東京・神田の古本屋に頼んでトラック一杯分もの関連書籍を購入して、片っ端から一気に読んだというのだ。

ある編集者が目撃したところによれば、1冊の本をめくる速度はものすごく速く、にもかかわらず、内容の要所要所を正確に把握していたという。たとえ棒読みしたとしても、トラック一杯分の本を満遍なく読もうとしたら、時間的にも体力的にもかなりきついだろうし、第一、肝心の眼がもたないだろう。

では、司馬氏は、どうやって読んだのか。

やはり重点方式であろう。もちろん推測に過ぎないが、おそらく読書の達人も、大量の本を読むときは自然にこの方法をとっているはずだ。これなら、熟達度に応じて、誰でもある程度の量までは可能となる。

これは、本の1ページの範囲だけの話ではなく、本全体にわたっても同じことがいえる。

また、本より少し短い論文などでも同様だ。

重要情報は、目次、タイトル、前書き、始めの部分、見出し、終わりの結論の部分などに山があるものだが、論文の場合でも、最初の部分、終わりの部分に山がある。山のある部分は統計的に見ても同じような位置にあることが多く、とにかく経験を積むことで、そうした山の所在を予測して確実に捕まえることができるようになる。

ポイントをおさえたメリハリのついた読書ができれば、はるかに短時間で、内容の濃い読み方ができるのである。

まさに、「雑魚や小魚を狙わず、大魚を狙う」——べし、である。

QC速読理論⑤
QCの原点、作業分析法の応用

ＱＣは日本で発展したが、そもそもの始まりは、アメリカの技師テーラーによる工場労働者の作業分析だった。ここでの成功が、フォード自動車の高品質・大量生産に用いられ、産業革命から近代工業の幕開けとなったのだ。これがＱＣと能率的な大量・高品質生産の原点である。

次々と生産される製品、次々と起こる問題点に対し、一つひとつ同じように同じ方法で対応していくならば、処理時間は遅くなり、結局、多くの問題を未解決のまま積み残すことになる。ＱＣ理論はそうした問題を柔軟に解決してくれたのだ。

本も同じだ。次々と読まねばならない本、読みたい本が目の前に現れ、情報が群をなす。これらをすべて同一の方法で読もうとすると、ページあたりの処理能力は遅くなり、結局、読みたい本を十分に読めずにただ積み重ねるばかりで、フラストレーションが増していく。

そこで、高品質・大量生産方式を、知的生産である読書にも応用するのである。同じように文字がずらずらと並んでいる本や文書でも、科学的に作業を分析し、グループ化して、各作業グループごとにその対応を決めていく。このようにすれば、長年経験を積み、熟達した名人でなくとも、読書作業がどんどん速くなっていく。

フランシス・ベーコンの読書法

ここで具体的に、優れた知的実績をあげた人の読書法について、作業分析をしてみよう。欧米速読術の源流とされる代表的知識人の一人、フランシス・ベーコンはどんな読書のしかたをしていたのか。

ベーコンは、17世紀の英国の文明開化期に大活躍した人物だが、政治家（政府高官）、法律家（検事総長）、作家（著書『随想集』）、科学者（著書『学問の進歩』）など、多方面の分野で傑出した活躍をした。

彼のような多くの仕事をもつ多忙な知識人は、ゆっくり本を読む時間も十分にはなかったはずだが、それでも歴史に残る多くの輝かしい実績を残したことから見れば、時間の制限の中で、相当充実した読書をしていたと考えられる。そこでその秘訣を探っていたところ、彼の著書『随想集』(渡辺義雄訳・岩波書店)の中に、次のような内容の言葉に行き当たった。

『(本は)信じて丸呑みするためにも読むな。話題や論題を見つけるためにも読むな。しかし、熟考し熟慮するために読むがよい。ある書物はちょっと味わってみるべきであり、他の書物は呑み込むべきであり、少しばかりの書物がよく嚙んで消化すべきものである。

すなわち、ある書物はほんの一部だけ読むべきであり、他の書物は読むべきではあるが、念入りにしなくてよく、少しばかりの書物が隅々まで熱心に注意深く読むべきものである。書物のなかには自分に代わって読んでもらってよいものがあり、ほかの人に抜粋を作ってもらってよいものがある。』

この言葉だけでも、成果・実績を上げる速読術の基本として、味わいある言葉だが、さらにベーコンの読書作業を自分のものにするため、私流に彼の読書パターンを分析してみよう。

推定読書速度（作業速度）

① 熟考し熟慮するために読むがよい	0.5倍
② ある書物はちょっと味わってみるべき	10倍
③ 他の書物は呑み込むべきであり	5倍
④ 少しばかりの書物がよく噛んで消化すべき	1倍
⑤ ある書物はほんの一部だけ読むべきであり	20倍
⑥ 他の書物は読むべきではあるが、念入りにしなくてよく	3倍
⑦ 少しばかりの書物が隅々まで熱心に注意深く読むべきもの	0.5倍
⑧ 自分に代わって読んでもらってもよいものがあり	300倍
⑨ ほかの人に抜粋を作ってもらってよいものがある	200倍

ベーコンは、その時々の読書目的やニーズ、読む本の種類や重要度に応じて、読書速度を自在に変化させていた。ただ、のんべんだらりと読むのでなく、内容に応じて、上の表のようにグループ分けしたうえで対応していったのである。几帳面にすべてを読もうとする完璧主義者よりも、このほうが平均読書スピードは何十倍も速いことに気づくだろう。

熟達した名人でなくとも、短時間でたくさんの本を読むことで、それだけ範囲が広くなり、良い本や文章に出会うことができ、多くの収穫を得ることができる。そして、それを積み重ねていくことで、ベーコンのように優れた実績を残せるようになるのだ。これが、科学的能率学の原点である。

「精読型」の読書をした場合を標準読書速度（1倍）として、ほかの読み方と比較してみると、①と⑦は「熟読型」なので、標準速度の2分の1の0・5倍となり、②はスキミング技術が入った速読型で標準速度の10倍、③はとりあえず深い理解を後回しにして丸飲みするので5倍となる。また、⑤はスキャニング技術が入った速読型で20倍、⑥は通読、キーワード読み程度の準速読型で3倍、⑧は誰かに読んでもらい、後から要点を聞く程度でいいからもっとも速く300倍となる。
⑨は、忙しい大統領や経営トップなどが読まなくてはならない本の中から数冊を、部下たちに調査させてレポートなど1ページにまとめさせる方法で、数冊の本を読むのに比較して、200倍程度の読書速度と考えることができる。

QC速読理論⑥

QCヒストグラムの法則で重要情報をつかむ

今度は、重要情報を統計学的に見つける方法だ。

ヒストグラム（正規分布）とは、ドイツの天才的数学者ガウスが見い出した法則で、多くのさまざまな現象を一つひとつ分類し、クラス分けして、その数をグラフに取ると、だいたい上の図のような釣り鐘状のグラフになるという法則である。これを正規分布という。

この法則は、数学や物理学の分野だけでなく、一般的に社会現象においても、さまざまな分野で広く適用できる。

たとえば、学校の成績、受験などで偏差値の分布を表すグラフとしてなじみが深いだろう。英語の成績得点順に人数を数えて並べたり、クラス委員の選挙の投票数で、横軸を候補者、縦軸を投票数とすると、だいたいこうした分布になるという。

これは読書の世界でも同じことがいえる。

みなさんが手にとっているこの本一冊でも14万以上の文字が情報として並んでいるが、この文字情報の内容を情報科学的に分類し、横軸に内容の分類項目、縦軸に情報数を据えると、やはり正規分布を描くはずである。

「おいしいところ」だけをすくい読み

本一冊の膨大な情報量に圧倒されて、読むことを諦めてしまう人も結構多い。しかし、速読術を身につければ、恐れる必要はない。統計学を利用して、ヒストグラムをイメージしてみると、重要な内容は一つのグラフに収まってしまうのだ。

このように一冊の本の内容を一目でイメージすることができれば、ちょうど名料理人のように、この本をどのように料理するかという戦略を立てるのが容易になる。

統計学の計算はしなくとも、目次を見たり、図表をパラパラ眺めれば、この分布の横軸の項目がわかってくる。何を強調する点がもっとも多いかが明らかになる。

読書情報処理技術においては、どこを重点的に狙うかは、その人のニーズによって異なるので、ニーズによって戦略を立て、効率を上げる。

著者がいちばん強調して、もっとも多く記述している部分を、まるでスイカのいちばんおいしいところを食べるように頂戴して、皮の部分は捨ててしまってもいい。いくら分厚い本でも、重要な情報は一つのグラフの中に収まってしまうんだとイメージし、頂上のおいしい部分だけを頂戴するのか、あるいは、端っこの変わったところを何かの材料に使うのか、それぞれの人のニーズに合わせて、利用すればいいのだ。そうすれば、書物は、短時間に料理しやすい身近な情報の宝庫に変身する。

本を読んでいると、次第にどこの部分に重要情報が固まっているかがわかってくる。とくに、著者自身が強調したい情報は、統計学的にも、文章中の見出しと各パラグラフの最初の部分に濃縮されていることがわかっている。

だから、まだ速読に慣れていない初心者は、見出しとパラグラフの第一行だけを読んで、後は飛ばしても、相当濃密な速読ができるはずだ。欧米では、ここの部分だけを読むトピックセンテンス法という速読技術があるほどだ。

QC速読理論⑦
右脳と左脳のバランス速読術で理解度アップ！

右脳はアナログ読み、左脳はデジタル読み

日本の速読術の多くはどちらかといえば、韓国のキム式速読術の流れをくんでおり、右脳のイメージ力を重視したものが多い。つまり、アナログ的に多くの文字群やページ全体を一目で把握し、1分間○○万字とか一冊とか読むことができるというものだ。

しかし、人間の右脳と左脳には、次ページの図のようにそれぞれの役割分担があり、右脳はイメージや創造力を、左脳は論理的思考、計算などをおもに担っている。したがって、イメージ力を重視するあまり、左脳を働かせないと、当然、理解力や分析力が不足してしまう。

「速く読み、しかも正確に理解する」

右脳・左脳の働き

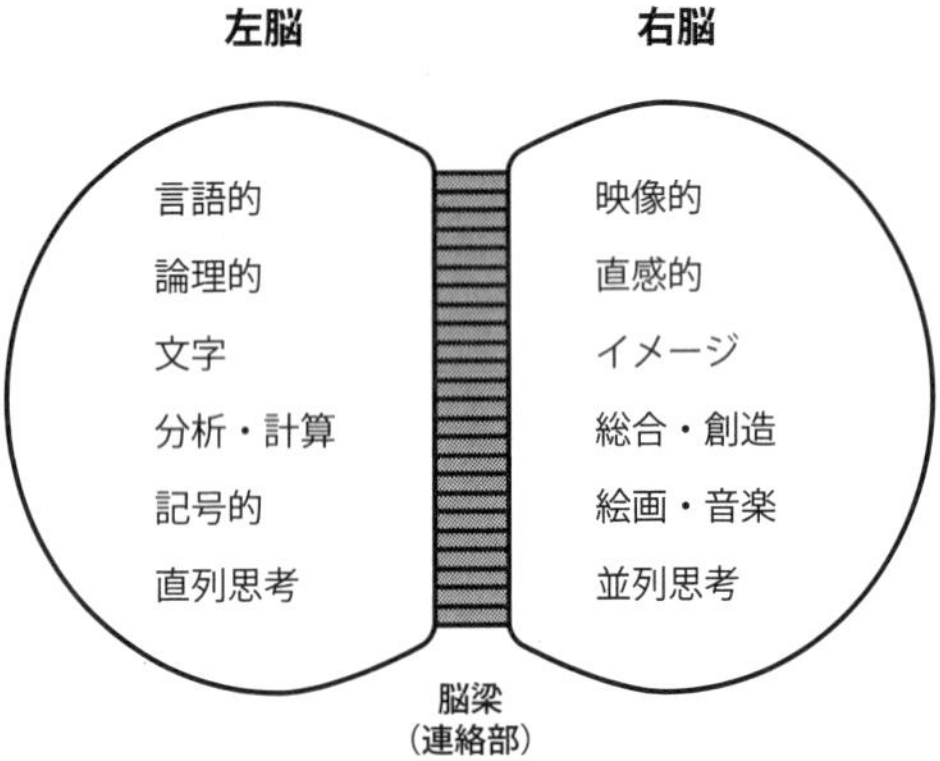

これは、私にとっても長年の大きな課題であった。

これまで見てきたように、右脳速読の弱点を補うためには、QC理論や文章のパターン分析、スキミングなど、アメリカの速読術（スピードリーディング）が有効だ。

しかしながら、1文字1文字ずつ読む左脳的デジタル情報処理では、1分間800文字の音読の壁（アナウンサーが話す程度の速さ）を突破できない。やはり、一目で多量の文字全体を一発処理できる右脳のイメージ力も活用したい。

では、どうするか。

両方の脳は同じ容量だと思っている人もいるかもしれないが、実は右脳は左脳に比べて膨大な記憶容量をもっている。その右脳の容量を活かし、左脳によって正確に分析・理解する。両脳の特長を上手く活かしてバランスよく働かせるのがこれからの速読術である。

右脳、左脳、脳梁の三つを活性化

1文字ずつ情報を処理する左脳は、時計でたとえればデジタル（直列）型である。つまり、表示する時間は見たとおりの「現在の時刻」のみ。現在の時刻の前（過去）や後（未来）の時刻を一緒に見ることはできない。

一方、右脳はアナログ（並列）型時計に似ている。長針と短針で現在の時刻を示せるだけでなく、○時まではあと何時間あるか、さっきから○分たったなどと、過去と未来を視野に入れた現在の位置を表示できるのだ。ただし、速報性ならデジタルが断然強い。

どちらも得意な面とそうでない面があるのである。

人間の脳もこれと同じだ。それぞれに良い面がある。そこで両脳を活性化させることで、その連絡橋となる脳梁を鍛え、脳全体で情報を取り込むことが理想的である。これが、正確かつ論理的に、しかもイメージを伴った情報を取得する力をもつのだ。

瞬間的に多くの文字情報を見てすばやくイメージし、直観的にそれらを幅広くとらえる。

また、左脳によってそれらの入手した情報を論理的に組み合わせ、思考し、自分自身の情報として組み立てる。さらには、それを自分のものとして外に表現できるようになる。

右脳、左脳、脳梁の三つを活性化すれば、自ずから実績となって出てくるのである。

そこで、本書では、右脳活性化のためのトレーニングのほか、ニーズに応じて、左脳を右脳と連動させて活用していけるよう、「速読12基本型の段階式トレーニング」を用意した（174ページ参照）。

QC速読理論⑧

生きがいと目標の明確化が読書を速く深くする

日本では、健康の有無を「快眠・快食・快便」と身体のことばかりいうが、アメリカでは名医は健康のバロメーターとして、「生きがい」の有無を問うという。生きがいがあれば健康、なければ不健康と判定されるという。

人間は機械ではない。エコノミックアニマルでもない。それぞれの人生をもった人間だ。人間として一人ひとりがそれぞれの役割と個性をもっている。それらを活かして、自分の本当にやりたいことをなすことが生きがいとなる。

生きがいをもつと人間は脳内ホルモンを出し、頭も身体全体もすべて活発化していく。喜びがふつふつと湧いてくる。生きがいは生きるための原動力だ。

この生きがいこそが、知的好奇心を熱くして、読書を速く深くしていく。だから、速読力をつけるための近道は、自分の生きがいを育てていくことだといってもいい。

生きがいは趣味とも異なる。

趣味は自分だけを満足させるのに対して、生きがいは自分を心から満足させるだけでなく、他人やまわりの自然、環境への関心も生む。

自分だけでなく、「世のため人のためにも役に立つことを目指す」使命感のようなものがある。趣味を越えた、自分にしかできない、ライフワークのようなものだ。

人はこれをもつときに猛烈と、本来の力が湧いてくる。

そして、外部への関心、情報への関心が生じ、人間とは何か、自分とは何か、自分の役割とは何かなどを知りたくなる。知識、知恵への渇望が増加し、知識への食欲が湧いてくる。

自分に必要な情報を自分の全身をもって吸収しようと、脳をはじめ、身体の諸器官が一斉に働き出す。

このようにして、読書は決定的に深く速くなってくる。

何事も小手先であってはならない。小手先だけのテクニックでは長続きしない。

まず、すべての原動力となる生きがいを見つけること。そして、その実現のための良質の知識を求めて読書を続けること。生きがいを発見し、育てること。それが読書を深くするだけでなく、生涯の友となり、あなたを励まし、深い喜びを与えてくれるだろう。

QC速読理論⑨

速読は、目の訓練よりこころの訓練

読書とは、人間のもっとも高度なマインド・ワーク（知的作業）の一つである。

読み手の意識（マインド）は、文字や文章を媒介にして、書き手の思想と対峙し、思考して、自分なりの思想を練り上げていく。

私が長年の読書経験の中でわかってきたのは、結局、速読速解ができるようになるには目の動きを速くすることや視野を拡大させるということが重要なのではなく、こころの能力、意識の部分を向上させることから始めなくてはならないということだ。

人間の意識はその行動と深くかかわっている。

意識が脳細胞を動かす原動力となり、瞬時に脳神経細胞が身体の各部分の神経に指令を出し、筋肉を動かすというしくみになっている。

こころは重要なポイントだ。

文字情報に現れた一つの思想をこころが把握してはじめて、次の思想の固まりに移動することができる。思想を把握し、分析する能力が高まれば、それだけ速く大きく次の視点に移動することができるのだ。

これはちょうどプロのカメラマンにとって、こころがカメラの目であるのと同じことである。

プロは、被写体を見つけてファインダーを覗き、自分でこのショットを写したほうが良いと考えるやいなや、その方向へカメラ（目）を向けてシャッターをきる。思った瞬間に速写するのである。こころの動きが先行して、次に目の動きになるのだ。

にもかかわらず、目の動きを速めることや意味のない記号などで速読訓練することにばかり力を注ぎすぎると、こころが連動していないため、ちっとも成果が上がらない。

人間のこころの中心となる意識が脳細胞を動かし、それが目やその他の筋肉を動かしていく。この流れを鍛えなくてはならないのだ。

できるだけ多くのアイデアを取り込み、分析し、理解する訓練を積もう。

多くの読書によって、多くの知識を集積し、それを利用できるしくみをつくりだそ

う。

それには論理的な速読のしかたを覚え、自分の読みたい本をどんどん読むことだ。

そうすれば、知識の集積、瞬間的アイデア把握力、分析力、論理力、読解力といった総合的な速読速解力が自然に開発されていく。だから思うように読書スピードが出なくとも、初めはあせることはない。

QC速読理論⑩

速読でインプットが増えればアウトプットも増える

人間の頭の中は、ちょうどブラックボックスのようなものである。

たとえば、その中に次々と情報を入れていくと（インプット）、各種の異種情報が頭の中で分析され、結合したり、編集されたりして、新しい情報となって外に出てくる。

これがアウトプット（実績、成果）である。

このモデルから考えれば、入れる情報が良質で、しかも種類も量も多ければ多いほど、新しい情報が出てくる可能性は、幾何級数的に多くなる。チャンスが増えれば、必然的に、実績、成果として評価される確率もどんどん高くなる。

もし、速読のスピード何万字などとスピードだけを追って、実際に、自分の仕事や人生に成果が出てこない速読術があるとすれば、いくら速く読んだとしても、それだけ時間を浪費したことになる。同じ速読術をやるなら、確実に成果を上げなくては意味がない。

そのためには、次のような配慮が必要だ。

①速読によって読書の「量」（範囲）と「質」を増やし、インプットを増やす

情報には良いものもあれば役に立たないものもある。しかし、速読によって接する情報の範囲が増えれば、それだけ優れた情報に出会う機会も増えてくる。

②ブラックボックスの中で目的をもたせる

目的をもつと、情報はその方向に集まり、同じ傾向の情報が結合して、新しいアイデアが生まれやすくなる。これは、短期のビジョンだけでなく、理念、人生の目標といった大きなテーマを持つと、一層効果的、持続的となる。

③実績や成果が出やすいアウトプットのしくみを整える

せっかく入手した情報は、頭脳内で整理・分析し、ときには文書としてまとめあげ、

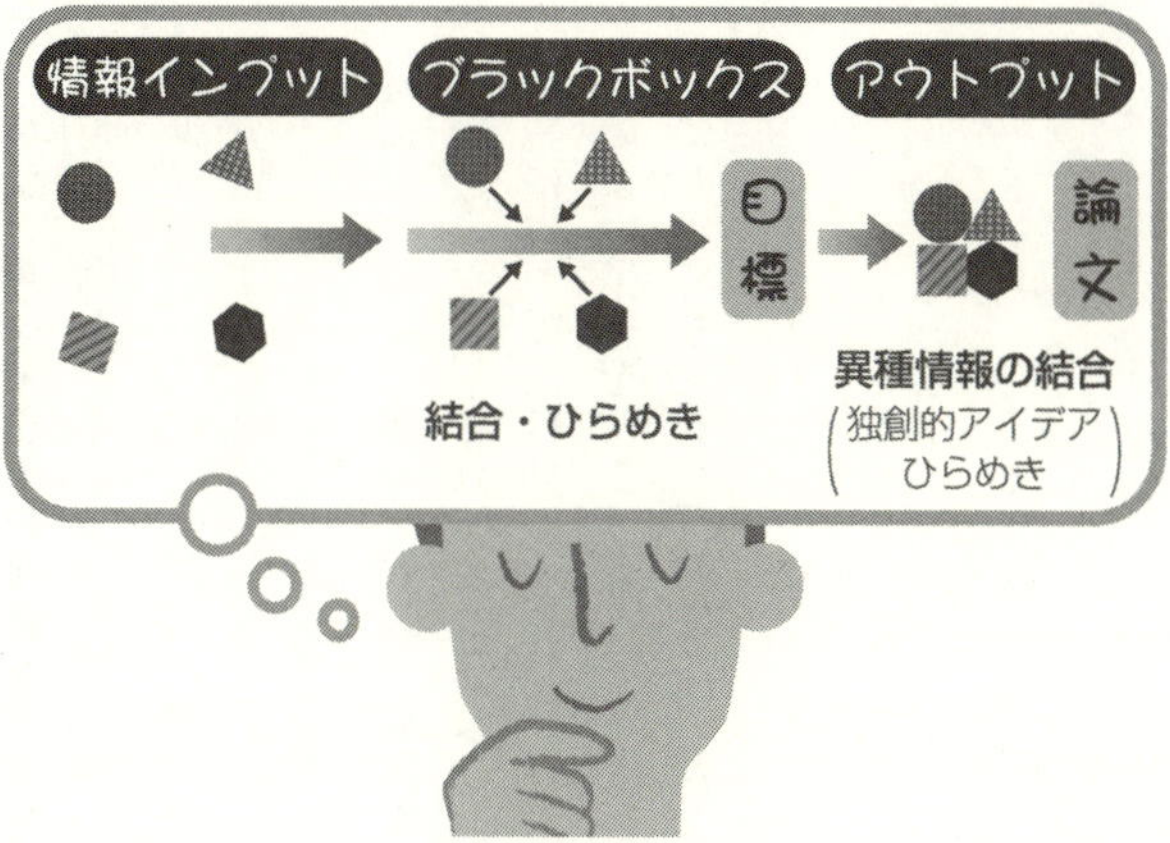

発信する力をつけておきたいものだ。そうすると、頭脳内外での情報の流れがスムーズになり、結局、頭の回転も速くなっていく。

④ブラックボックスの中の環境を良くする

脳というブラックボックスの中に、さらさらとして綺麗な血液――酸素や必要な栄養素がバランスよく入っている血液――にも似た、品質・鮮度がよく、バランスのとれた情報を、できるだけたくさん送り込むことが大切である。

アメリカのことわざに「がらくたを入れるとがらくたが出てくる」というのがあるが、人間の身体は、不摂生な生活をして、汚れた血液＝酸素、栄養素が欠乏した血液、アンバランスな栄養素の血液などを脳に送り込んだり、ストレスをうまく処理できないと正常に働かなくなる。同様に脳にも良い情報が送られなければ、いつまでたっても良い成果を生むことができなくなるのだ。もちろん、そのためには、心身の健康にも十分留意することである。


速読によって、多くの情報、知識が頭に入ってくるようになる。

速読によって、これまで知らなかった脳の活性化が起こる。

速読によって、自分にふさわしい人生の目的が見つかる。

質のよい情報を、より速く、より多く、より正確に得られる速読術は、何よりもあなたにとって強力な武器となるのだ。

コラム　読書の達人❷　本好きのための本好きな話

「松本竣介」の場合

終戦3年後に、36歳の若さで世を去った、洋画家、松本竣介《しゅんすけ》。神奈川県立近代美術館蔵の「立てる像」をはじめ、数多くの傑作を残している彼は、「生命の藝術」「雑記帳」などの雑誌の編集者としても知られている。多岐にわたる創作活動を支えたのは、やはり読書による知識の集積だった。若き日の松本は、創作の傍ら、マルクス主義の叢書から、カント、ヘーゲル、マルクスといった社会学者の書物や、H・G・ウェルズの「世界文化史大系」、モーパッサン、ドストエフスキーなどの文学書へと読書の幅を広げていく。そんな彼のポケットには、いつも岩波文庫が入っていたという。

（朝日晃著『松本竣介』日動出版部／宇佐美承著『求道の画家　松本竣介』中公新書ほか参照）

「大佛次郎」の場合

小説家、大佛次郎の寝台（ベッドを氏はこう呼んでいる）は、相当なサイズだったらしい。その枕元と足側の両側には本棚が据え付けられていて、手を伸ばしさえすれば、すぐに抜き出せるようになっていた。一度取り出された本は、読み終えるまでそのまま寝台の布団の上に積み上げられ、1年でも2年でも片付けられることなく置かれていたそうだ。「一度片付けてしまったら、二度と探し出して読むことはないだろう」というのが氏の弁。多忙を極めた氏にとって、本の洪水さながら「いつでも読める本たち」に囲まれた寝台に横たわっている時間が、いちばん幸福な時間だったという。

（『大佛次郎随筆全集　第三巻』（本の寝台）朝日出版社参照）

第3章

全脳バランス速読術

トレーニング編

◉ 1回3分、1日15分、1週間でこなす速読トレーニング

ここまで、さまざまな速読技術について述べてきた。

気の早い人は、すでに読みながら、実行に移っていることだろう。

それはそれでたいへん結構なことだ。実践に勝る上達法はない。

一方、こうした技術を適切な方法で訓練して、確実に自己の実力の一部とし、収穫を上げたいと思っている人も多いはずだ。

そこで、これまでに紹介した20の日米精選速読理論をふまえ、さらに右脳と左脳をバランスよく鍛えられるよう、第3章にはトレーニング編を設けた。

それぞれの練習は、1回3分、1日15～30分程度の短時間で訓練しても、1週間で完了できるカリキュラムだ。各訓練要領とともに、トレーニングの成果を記録する欄も用意したので、ぜひ活用してほしい。自分の得意・不得意がわかってくるだけでなく、読書スピードや理解度が進歩していくことがわかるので、速読にも自信がついてくるはずだ。

もちろん、慣れてきたら、実際の読書にもどんどん応用していこう。

焦らず、楽しみながら練習することが、最後まで続ける秘訣である。

◉ トレーニングを始める前に

スポーツと同じで、速読トレーニングにも簡単な準備運動が必要である。

1章で簡単な測定をしたが、ここで再度「読書スピード」を測ってみよう。自分の読みたい本をテキストに使えば、訓練と実益を兼ねることができる。総文字数を数えて1分あたりの読書スピードを算出すればいい。各速読の要点を理解したあとなので、前回より速くなっているかもしれない。それがあなたの出発点である。

練習は、速読訓練表（164ページ〜）に基づいて進めていくのが効果的だが、「固定点凝視（67ページ）」「読視野拡大（75ページ）」「視点移動（82ページ）」「上下視野拡大（96ページ）」「視幅拡大（98ページ）」など、基礎トレーニングも適宜、取り込むようにしてほしい。

速読訓練表について

速読訓練表は、左側のページには「訓練のしかた」、右側のページには「訓練記録」を記入できるようになっている。

「訓練のしかた」欄

a欄は、これまでに紹介した速読技術を項目別に取り上げた。1回目は、すでに行なった読書スピードを測る「プレテスト」である。

b欄は「訓練時間」の目安。「プレテスト」の場合は3分である。

c欄の「訓練方法」は、本書では次の方法を標準的方法とする。

読書訓練の開始と終了は、次のように行なう。

①タイマーを規定の時間にセットして、読書を開始する。

②用意したテキストを課題（例「キーワード法」）に合わせて意識しながら読む。どのように読むか。これがもっとも大切である。よく考えてから読み始めること。

③3分間が終了したら、直ちにテキストを読むのを止め、読み終えた総文字数を計算して記録する。

d欄には、訓練に使用するテキストを記入する。速読訓練のためのテキストとしては、あなたが読みたい本の中から適当な本を選んで使用すればよい。そのほうが、実際に役立つ情報を得ながら速読訓練ができるので二重のメリットがある。ただし、内容が比較的やさしい本を選べば、当然、読書速度と理解度は上がり、難解な本であれば下がるということを覚えておいてほしい。最初は、字が鮮明なビジネス書などのやさしい本を選んだほうが訓練しやすいだろう。図解本や小説、文の細かい本、雑誌などは、初期の訓練には向かない。

e欄は、訓練上の留意点、練習のコツなどが書いてあるので、練習前によく読むこと。

「訓練記録」欄

それぞれの訓練が終わったら、随時記入してほしい。

f欄は、訓練した年月日を記入する。

g欄は、訓練で読み終えた総文字数を記入する。

自分で選んだ本を使って練習する場合、この総文字数を算出しておかなければならないが、面倒だという人は、163ページに掲げた「総文字数早見表」を参考にするとよい。

h欄は、読書速度（分速）を計算して記入する。先のg欄に記入した総文字数は、3分間で読んだ文字数なので、この数字を3で割れば、1分間あたりの読書文字数が出る。この分速（WPM = Words per minute）は、国際的にも標準的な読書速度測定法だ。

この読書スピードを各速読技術ごとにつけていくと、あなたの得意な速読技術や、反対に鍛えなければならないウィークポイントがわかってくる。

ｉ欄には理解度を記入する。理解度については、35ページで説明したように、自己評価を％で記入してほしい。

ｊ欄には自己評価や感想などを書く。（記入例「視界が広がってきた」）

また読みたい本の場合には、書名と読んだページを記入する。

それぞれの中身は各自が趣向を凝らして取り組んでもらってかまわない。自分が決めた目標までに、どれだけ近づくことができるか。各自のペースで進めていくことだ。

ただし、訓練のしすぎは禁物である。「1日15～30分」程度を目安にすること。そして、訓練で習ったことは、早めに実際の読書生活で応用してみてほしい。

〔3分間タイマーによる時間測定法〕

各訓練の時間測定は、タイマーを持っている方は、それをセットすればよい。タイマーがない場合、秒表示のついた時計などを使うか、それで時間を測り、ICレコーダーなどに、3分経過を知らせる自家製タイマーの録音をすると便利である。つまり、自分の声で「読書始め！……（3分間経過）……終わり！」と吹き込んだ録音を作っておくのである。ついでに、1分間、5分間のパターンも作っておくと便利だ。

総文字数早見表

A

1ページ16行×42字
=672字の場合（新書判）

ページ	速度（文字数）
1	672
2	1,344
3	2,016
4	2,688
5	3,360
6	4,032
7	4,704
8	5,376
9	6,048
10	6,720
11	7,392
12	8,064
13	8,736
14	9,408
15	10,080
16	10,752
17	11,424
18	12,096
19	12,768
20	13,440
21	14,112
22	14,784
23	15,456
24	16,128
25	16,800

B

1ページ16行×40字
=640字の場合（文庫判）

ページ	速度（文字数）
1	640
2	1,280
3	1,920
4	2,560
5	3,200
6	3,840
7	4,480
8	5,120
9	5,760
10	6,400
11	7,040
12	7,680
13	8,320
14	8,960
15	9,600
16	10,240
17	10,880
18	11,520
19	12,160
20	12,800
21	13,440
22	14,080
23	14,720
24	15,360
25	16,000

＊文字が大きくなっている見出しなどについては、本文とは別に数える場合もあるが、ここでは一律とする。

速読訓練記録表

訓練記録（※あなたが練習後、記録してください。進歩がわかります）					
訓練No.	(f) 練習年月日	(g) 読書総文字数	(h) 読書速度（分速）	(i) 理解度（35ページ基準表）	(j) 自己評価・感想など（例：視界が広がってきた）読みたい本の場合は書名、ページ
1					
2					
3					
4					

訓練のしかた					
訓練No.	(a) 速読訓練項目	(b) 訓練時間	(c) 訓練方法	(d) 訓練テキスト	(e) 訓練上の留意点、練習のポイントなど
1	プレテスト(現在のあなたの読書スピード測定)	3分	22ページ標準練習法による	テキスト24ページ	26ページ~参照
2	意識して速く読む訓練(32ページ参照)	3分	標準練習法による	テキスト32ページ	30ページ~参照
3	日本のQC速読理論①パレートの法則の適用[2-8(にっぱち)の法則]	3分	標準練習法による	あなたの読みたい本	115ページ参照
4	日本のQC速読理論②イシカワ・ダイヤグラム法(特性要因分析法)の適用	3分	標準練習法による	あなたの読みたい本	122ページ参照

速読訓練記録表

訓練記録（※あなたが練習後、記録してください。進歩がわかります）

訓練No.	(f) 練習年月日	(g) 読書総文字数	(h) 読書速度（分速）	(i) 理解度（35ページ基準表）	(j) 自己評価・感想など（例：視界が広がってきた）読みたい本の場合は書名、ページ
5					
6					
7					
8					

速読訓練要領

訓練のしかた					
訓練No.	(a) 速読訓練項目	(b) 訓練時間	(c) 訓練方法	(d) 訓練テキスト	(e) 訓練上の留意点、練習のポイントなど
5	日本のQC速読論③ トヨタ看板方式（ジャスト・イン・タイム方式）の適用	3分	標準練習法による	あなたの読みたい本	126ページ記載の速読技術の応用を意識して速読する
6	日本のQC速読理論④ QC散布図法の応用で重要情報の所在を知る	3分	標準練習法による	あなたの読みたい本	129ページ記載の速読技術の応用を意識して速読する
7	日本のQC速読理論⑤ QC科学的管理法で戦略的速読（作業分析法の応用）	3分	標準練習法による	あなたの読みたい本	133ページ記載の速読技術の応用を意識して速読する
8	日本のQC速読理論⑥ ヒストグラム（正規分布）の法則で重要情報をつかむ訓練	3分	標準練習法による	あなたの読みたい本	138ページ記載の速読技術の応用を意識して速読する

速読訓練記録表

訓練記録（※あなたが練習後、記録してください。進歩がわかります）					
訓練No.	(f) 練習 年月日	(g) 読書 総文字数	(h) 読書速度（分速）	(i) 理解度（35ページ基準表）	(j) 自己評価・感想など（例：視界が広がってきた）読みたい本の場合は書名、ページ
9					
10					
11					
12					

訓練のしかた					
訓練No.	(a) 速読訓練項目	(b) 訓練時間	(c) 訓練方法	(d) 訓練テキスト	(e) 訓練上の留意点、練習のポイントなど
9	日本の QC 速読理論⑦ 右脳アナログ読みと左脳アナログ読みの適用で、速読速解の達成	3分	標準練習法による	あなたの読みたい本	141ページ記載の速読技術の応用を意識して速読する ■アナログ読みとデジタル読みを速読中に切り換える
10	日本の QC 速読理論⑧ 生きがいと目標の明確化が読書を深く速くする	3分	標準練習法による	あなたの読みたい本	145ページ記載の速読技術の応用を意識して速読する ■練習前にあなたの生きがいと目標を明確化してみる
11	日本の QC 速読理論⑨ 速読は、目の訓練より、こころの訓練	3分	標準練習法による	あなたの読みたい本	148ページ記載の速読技術の応用を意識して速読する ■目はあまり動かさず、意識視界を動かす
12	日本の QC 速読理論⑩ インプット（速読量）が増えれば、アウトプット（実績、成果）が増える	3分	標準練習法による	あなたの読みたい本	151ページ記載の速読技術の応用を意識して速読する ■あなたの期待するアウトプットをイメージする

速読訓練記録表

訓練記録（※あなたが練習後、記録してください。進歩がわかります）

訓練No.	(f) 練習年月日	(g) 読書総文字数	(h) 読書速度（分速）	(i) 理解度（35ページ基準表）	(j) 自己評価・感想など（例：視界が広がってきた）読みたい本の場合は書名、ページ
13					
14					
15					
16					
17					

訓練のしかた					
訓練No.	(a) 速読訓練項目	(b) 訓練時間	(c) 訓練方法	(d) 訓練テキスト	(e) 訓練上の留意点、練習のポイントなど
13	米国の速読技術① 視点移動の法則を実行して、超特急の読書	3分	標準練習法による	あなたの読みたい本	54ページ記載の速読技術の応用を意識して速読する ■55ページの図の最も優れた読み手の方式を実行
14	米国の速読技術② ビジュアル・リーディング法で一発速解を実行	3分	標準練習法による	あなたの読みたい本	59ページ記載の速読技術の応用を意識して速読する ■ビジュアル・リーディングに切り換えてみる
15	米国の速読技術③ キーワード技法でラクラク省エネ速読	3分	標準練習法による	あなたの読みたい本	68ページ記載の速読技術の応用を意識して速読する ■キーワードだけを意識して読む
16	米国の速読技術④ メインアイデア法で瞬間理解	3分	標準練習法による	あなたの読みたい本	71ページ記載の速読技術の応用を意識して速読する ■各パラグラフごとにメインアイデアを瞬間的に把握
17	米国の速読技術⑤ スキミング技法で本全体の概要と重要情報をつかむ	3分	標準練習法による	あなたの読みたい本	78ページ記載の速読技術の応用を意識して速読する ■米国速読の華、スキミングを実行して読んでみる

速読訓練記録表

訓練記録（※あなたが練習後、記録してください。進歩がわかります）					
訓練No.	(f) 練習年月日	(g) 読書総文字数	(h) 読書速度（分速）	(i) 理解度（35ページ基準表）	(j) 自己評価・感想など（例：視界が広がってきた）読みたい本の場合は書名、ページ
18					
19					
20					
21					
22					

訓練のしかた					
訓練No.	(a) 速読訓練項目	(b) 訓練時間	(c) 訓練方法	(d) 訓練テキスト	(e) 訓練上の留意点、練習のポイントなど
18	米国の速読技術⑥スキャニング技法で高速検索読書をする	3分	標準練習法による	あなたの読みたい本	84ページ記載の速読技術の応用を意識して速読する■テキストの内容に応じて、読書戦略を変える
19	米国の速読技術⑦ホリゾンタル・リーディングで二次元読みを実行	3分	標準練習法による	あなたの読みたい本	90ページ記載の速読技術の応用を意識して速読する■縦書き文は水平読み、横書き文は垂直読みを実行
20	米国の速読技術⑧ピン・ポイント・リーディングで一発必殺速読	3分	標準練習法による	あなたの読みたい本	100ページ記載の速読技術の応用を意識して速読する■読む本への期待を明確化してから読む
21	米国の速読技術⑨トレーシング技法で個人ネットワークを拡大	3分	標準練習法による	あなたの読みたい本	103ページ記載の速読技術の応用を意識して速読する■網の目ネットワークを拡大するつもりで速読
22	米国の速読技術⑩ホワイト・ハウス式戦略的読書の実行	3分	標準練習法による	あなたの読みたい本	108ページ記載の速読技術の応用を意識して速読する■テキストの内容に応じて、読書戦略を変える

◉ 速読12基本型の段階式トレーニング

段階的に速読速解力を上昇させよう

この速読12基本型の段階式トレーニングは、これまで学んだ速読技術の応用編ともいうべきものだ。そこで、重要ポイントをもう一度簡単におさらいしておこう。

2章で述べたように、ニューヨーク大学教育学部ニラ・バントン・スミス教授らの科学的実験によって、人間の視点移動にはある種の法則があることがわかった。

読書スピードを上げるには、次の三つの公式がポイントになる。

①1回の停留視点あたりに見える文字視界をできるだけ広くする
②ページあたりの停留視点の回数をできるだけ少なくする
③停留視点から次の停留視点までの視点移動時間を速くする

この科学的公式に基づいて、各回の視点の移動を速くし、かつ、視界を広げて多くの文字を一時に読むために、本書では、読書スピードと理解力を同時に上げていく訓練を用意した。段階的に視界を広げていくので、誰でも無理なくマスターできるものだ。

この段階式訓練では、1視点で、何文字、何行を読み、カバーするかを基準にして、1級から12級まで、12段階（パターン）に分かれている。

大切なのは、読む本の内容や自分の興味、必要に応じて、それぞれのパターンの特長を活かして、戦略的に使い分けていくことである。訓練をしない人とは、ここで決定的な差がつくはずだ。

読書とは、高度な知的作業（マインドワーク）の一つであるから、どんな本でも一律に同じ読み方というのは効率が悪い。読書の熟達者は、必要に応じて、積極的に読み方を変えていく。ちょうど剣道でいえば、各種基本流儀（型）をみっちり稽古するようなもの。さまざまな型を身につけておくことで、どんな敵がやってきても対応できるのだ。

また、この訓練によって、いままでの音読や黙読では越えることのできなかった1分間600字の壁を突破して、視読へと脱皮することが可能になる。

初めは1分間300〜400字しか読めなくても、500字、1000字、2000字……と段階的に進めば、名人の域まで達する人もいるかもしれない。

訓練によって、これまでとは違った世界が待っている。

12段階の上達基準表の説明とこの訓練のしかた

左ページの表は、「速読12基本型の上達基準表」である。

この表を見ながら、訓練のやり方を説明しよう。

この基準表は、速読を段階的に確実に上達させるために、速読のメカニズムを科学的に分析して、一覧表にまとめたものだ。

a欄とb欄は、速読の段階の目安で、12の段階に分かれている。

c欄は、1ページあたりの視点（眼の停留点）の数である。

級が低いほど停留点が多く、それだけ読書スピードは遅いが、精読には適しているといえる。反対に、級が高くなるほど視点（停留点）の数が少なくなり、読書スピードが速くなっていく。

内容をすでに知っているところや、必要性、重要性、新奇性、独創性の薄い箇所は、スピードを上げるか、飛ばしてしまってかまわない。

級が低いほど精読系（左脳的・論理的・理解中心）、級が高くなるほど速読系（右脳的・直観的・イメージ中心）とおおまかに分類したが、速読系が、必ず理解力が少ないかというとそうではない。

速読12基本型の上達基準表

(a) 級		(b) 速読型	(c) 1ページあたりの視点	(d) 1視点あたりのカバー文字数	上達基準 目標値 1分間あたりの文字数 (e) 記号	(f) 本読み	(g) 特徴
初級	1級	3字読み	195	3	600	400	左脳・理解 [精読系] ↑
	2級	5字読み	120	5	800	500	
	3級	7字読み	90	7	1,000	600	
	4級	10字読み	60	10	1,500	800	
中級	5級	13字読み	45	13	2,000	1,200	
	6級	20字読み	30	20	2,500	1,500	
	7級	1行読み	15	40	3,000	1,800	
	8級	2行読み	8	80	5,000	2,000	
上級	9級	3行読み	5	120	10,000	2,500	
	10級	5行読み	3	200	20,000	5,000	
	11級	半ページ読み	2	300	40,000	10,000	
	12級	1ページ読み	1	600	80,000	20,000	↓
	名人	飛ばし読み	0	無限大	無限大	無限大	[速読系] 右脳・イメージ

訓練をすれば、瞬間的に多くの文字を理解できるようになるし、こまごまと読んでいるよりは、はるかにまとめて本質をつかむことができるようになる。

何度も繰り返すようだが、文章の内容により、読み方を変えていくべきなのである。いろいろなパターンを自分で試してみて、得意なパターンを見つけてみよう。

私の場合は、通常4級から7級を常用し、難解で重要なところに入ったら2級〜3級、自分の知っているところ、あまり必要も重要性も感じないところは8級〜12級でどんどん飛ばすといった具合いだ。

また、同じページの中でも内容によって、読み方を臨機応変に変えればいい。内容の理解や把握の深さは、その人の過去の知識や経験、興味分野、読書歴、訓練、熟達度などにより変化するので、日々、読みたい書物に接し、深めていくようにする。

d欄は、一視点あたりのカバーする文字数であるが、高い段位ほど、1視点で把握、支配できる文字数が多くなる。これは、訓練と意欲によって、広がっていくから、できるだけ、意識して、広げていっていただきたい。

e欄とf欄は、1分間に読む上達基準である。当然のことながら、上級段位の人ほど、滞留点（視点）の数が少なく、1視点あたりのカバー率が多いので、それだけ読書スピードは速くなる。e欄は、記号による訓練、f欄は、実際の文字による訓練の場合である。

1級をモデルに標準練習法を説明するが、2級以降も同様の方法で練習してほしい。

◉ 速読12基本型の標準練習法

〔使用テキスト〕

190ページからの速読12基本型テキストとあなたの読みたい本の両方を使用する。

〔テキストの読み方〕

次の3ステップ（①記号編テキスト、②文章編テキスト、③自分で用意した本）を途切れさせずに連続して3分間の中で行なう。これは、同じ級の練習でも、①、②と読む対象を変えていき、最後は③の実際の本読みまで慣れていってもらう訓練である。

慣れてきたら、訓練時間を3分間から5分間に延ばしてもいいだろう。

なお、5級以降は練習に慣れてきている段階なので、②の文章編テキストは省いて、①から③へ直接進んでもよい。

①記号編テキスト

速読12基本型テキストの記号編のところを開き、右列の最初から、3文字ずつを

「かため読み」する。視点を3文字の中心の2文字目に置き、視野を開いて、網かけした文字群、網かけしていない文字群、の3文字を一度に把握しながら下に進む。文字群の中心の★印から次の★印へ飛んで、次の3文字を一度に把握し、次々と★印ごとに飛んで3文字ずつ正確に把握する。

こうして、潜在意識に3文字かため読みの読み方を叩き込む。

②文章編テキスト

1級の記号編のところを終えたら、ただちに、その左側の1級の文章群の読みに移る。このページには、だいたい3文字をめどに文字群をかためてあるので、その文字群の中心に視点をおいて、前のページで覚えた要領で、できるだけ3文字ずつ、かため読みをする。つまり、文字を1文字1文字見ずに、1視点で3文字全体を一瞬のうちに把握する。

なお、5級以降は読み方に慣れているはずなので、②文章編テキストは省いてもよい。

③自分で用意した本

このテキストの記号と文字の訓練を終えたら、すぐにあなたの読みたい本に移り同じリズムで練習を続ける、以上を3分間で行う。①記号編や②文章編のテキストで覚えた要領で3文字ずつのかため読みを実行する。

途中で、「○○」（2文字）「○○○○○○○○」（8文字）など、かたまりになりやすい文字群があれば、まとめて読んでかまわない。要は、1字1字読まないことである。

最初から、7文字や10文字をかためて読むのが難しいので、3文字読みから始めるように設定したが、文字数が少なすぎて、もっと多くの文字のかため読みに進みたいと思う人もいるだろう。それは、かため読みに慣れている良い兆候である。

反対に、3文字ずつ読もうという意識を高めたために、1ページを読むのに、いつもより時間がかかる人がいるかもしれないが、これも気にすることはない。音読から一括処理の視読への移行が訓練の目的である。記録よりも、意識への定着を目指すことだ。

このトレーニングは3分間で行なうので、読書スピードは次のように計算する。

〔①記号編の文字数〕＋〔②文章編の文字数〕＋〔③あなたが読んだ総文字数〕の合

計を3で割る。
なお、記号編と文章編の文字数は、各1ページあたり600字で計算すればいい。
それでは、テキストと時計を準備して1級の訓練からスタートしてみよう！

速読訓練記録表

訓練記録（※あなたが練習後、記録してください。進歩がわかります）

訓練No.	(f) 練習年月日	(g) 読書総文字数	(h) 読書速度（分速）	(i) 理解度（35ページ基準表）	(j) 自己評価・感想など（例：視界が広がってきた）読みたい本の場合は書名、ページ
1					
2					
3					
4					

速読12基本型訓練要領〈初級〉

訓練のしかた					
訓練No.	(a) 速読訓練項目	(b) 訓練時間	(c) 訓練方法	(d) 訓練テキスト	(e) 訓練上の留意点、練習のポイントなど
1	速読12基本型訓練① 初級：1級 3文字かため読み	3分	標準練習法による	記号編、文章編とあなたの読みたい本	◎かなり読書速度が遅くなるが、気にする必要はない ◎1文字ずつ読まず、3文字かため読みを意識
2	速読12基本型訓練② 2級 5文字かため読み	3分	標準練習法による	記号編、文章編とあなたの読みたい本	◎音読から視読への移行の重要段階 ◎1文字ずつ読まず、5文字をかためて把握
3	速読12基本型訓練③ 3級 7文字かため読み	3分	標準練習法による	記号編、文章編とあなたの読みたい本	◎やや難しくなってくるが、視点を7文字の中心に置き、7文字を一度に把握して、次の視点にすぐに飛ぶ
4	速読12基本型訓練④ 4級 10文字かため読み	3分	標準練習法による	記号編、文章編とあなたの読みたい本	◎10文字を一度に把握することはなかなか難しいが、視界を広げ、できるだけ一度に把握しながら読む

速読訓練記録表

訓練記録（※あなたが練習後、記録してください。進歩がわかります）

訓練No.	(f) 練習年月日	(g) 読書総文字数	(h) 読書速度（分速）	(i) 理解度（35ページ基準表）	(j) 自己評価・感想など（例：視界が広がってきた）読みたい本の場合は書名、ページ
5					
6					
7					
8					

速読12基本型訓練要領〈中級〉

訓練のしかた					
訓練No.	(a) 速読訓練項目	(b) 訓練時間	(c) 訓練方法	(d) 訓練テキスト	(e) 訓練上の留意点、練習のポイントなど
5	速読12基本型訓練⑤ 5級 13文字かため読み	3分	標準練習法による	記号編、文章編とあなたの読みたい本	◎いよいよ中級だ。読書スピードも速くなってくる ◎1文字ずつ読まず、13文字かため読みを意識
6	速読12基本型訓練⑥ 6級 20文字かため読み	3分	標準練習法による	記号編、文章編とあなたの読みたい本	◎1行の半分ずつかためて読む技法。1行の半分程度ならば、1視界に入れやすいので実行しやすい
7	速読12基本型訓練⑦ 7級 1行かため読み	3分	標準練習法による	記号編、文章編とあなたの読みたい本	◎上下の端の文字は視界に入らない場合も出てくるが、1行全体の中の重要文字に注意を払いつつ進む
8	速読12基本型訓練⑧ 8級 2行かため読み	3分	標準練習法による	記号編、文章編とあなたの読みたい本	◎2行を一度に把握するのは左脳読みでは無理。右脳を活発化させて、重要文字に注意を払いつつ進む

速読訓練記録表

訓練記録（※あなたが練習後、記録してください。進歩がわかります）

訓練No.	(f) 練習年月日	(g) 読書総文字数	(h) 読書速度（分速）	(i) 理解度（35ページ基準表）	(j) 自己評価・感想など（例：視界が広がってきた）読みたい本の場合は書名、ページ
9					
10					
11					
12					

速読12基本型訓練要領〈上級〉

訓練のしかた					
訓練No.	(a) 速読訓練項目	(b) 訓練時間	(c) 訓練方法	(d) 訓練テキスト	(e) 訓練上の留意点、練習のポイントなど
9	速読12基本型訓練⑨ 9級 3行かため読み	3分	標準練習法による	記号編、文章編とあなたの読みたい本	◎いよいよ上級だ。読書スピードも一段と速くなる。 記号編の★印に視点を置き、3行全体を把握しつつ進む
10	速読12基本型訓練⑩ 10級 5行かため読み	3分	標準練習法による	記号編、文章編とあなたの読みたい本	◎だいたい1ページの3分の1ずつ一度に把握しながら読む。読書速度は5000文字を超える。快速スキミング型
11	速読12基本型訓練⑪ 11級 半ページかため読み	3分	標準練習法による	記号編、文章編とあなたの読みたい本	◎半ページずつ視点★を中心にして一括把握する ◎1～数パラグラフを1視点で収める実用スキャニング
12	速読12基本型訓練⑫ 12級 1ページかため読み	3分	標準練習法による	記号編、文章編とあなたの読みたい本	◎1視点1ページに収めて進む。スピードは分速2万字を超える。快速スキャニング技法として実践に活かせる

初級１級　記号編・文章編（３文字かため読み）

40	○★○○★○○★○○★○○★○○★○○★○○★○○★○○★○○★○○★○○★○○
80	○★○○★○○★○○★○○★○○★○○★○○★○○★○○★○○★○○★○○★○○
120	○★○○★○○★○○★○○★○○★○○★○○★○○★○○★○○★○○★○○★○○
160	○★○○★○○★○○★○○★○○★○○★○○★○○★○○★○○★○○★○○★○○
200	○★○○★○○★○○★○○★○○★○○★○○★○○★○○★○○★○○★○○★○○
240	○★○○★○○★○○★○○★○○★○○★○○★○○★○○★○○★○○★○○★○○
280	ぶうと　いって　汽船が　とまると、　艀が　岸を　離れて、　漕ぎ
320	寄せて　来た。　船頭は　真っ裸に　赤ふんどしを　しめている。　野蛮な
360	所だ。　もっとも、　この暑さでは　着物は　きられまい。
400	日が強いので　水が　やに光る。　見つめて　いても　眼が
440	くらむ。　事務員に　聞いて　見ると　おれは　此処へ　降りる
480	のだそうだ。　思う所では　大森位な　漁村だ。　人を　馬鹿に
520	していらあ、　こんな　所に　我慢が　出来る　ものかと　思ったが
560	仕方が　ない。　威勢よく　一番に　飛び込んだ。
600	続いて　五、六人は　乗ったろう。

2級　記号編・文章編（5文字かため読み）

40	○○★○○○○★○○○○★○○○○★○○○○★○○○○★○○○○★○○○○★○○
80	○○★○○○○★○○○○★○○○○★○○○○★○○○○★○○○○★○○○○★○○
120	○○★○○○○★○○○○★○○○○★○○○○★○○○○★○○○○★○○○○★○○
160	○○★○○○○★○○○○★○○○○★○○○○★○○○○★○○○○★○○○○★○○
200	○○★○○○○★○○○○★○○○○★○○○○★○○○○★○○○○★○○○○★○○
240	○○★○○○○★○○○○★○○○○★○○○○★○○○○★○○○○★○○○○★○○
280	知らぬ奴が　あるものか。　ところへ　妙な筒っぽうを　着た男がきて、
320	こっちへ　来いというから、　尾いて行ったら、　港屋とかいう
360	宿屋へ　連れて来た。　やな女が　声を揃えて　御上がりなさいと　いうので、
400	上がるのが　いやになった。
440	門口へ　立ったなり　中学校を　教えろといったら、　中学校は
480	これから汽車で　二里ばかり　行かなくっちゃ　いけないと　聞いて、
520	なお上がるのが　いやになった。　おれは、　筒っぽうを　着た男から、
560	おれの　革鞄を二つ　引きたくって、　のそのそ　あるき出した。
600	宿屋のものは　変な顔を　していた。

3級　記号編・文章編（7文字かため読み）

40	○○○★○○○　○○○★○○○　○○○★○○○　○○○★○○○　○○○★○○○　○○★○○
80	○○○★○○○　○○○★○○○　○○○★○○○　○○○★○○○　○○○★○○○　○○★○○
120	○○○★○○○　○○○★○○○　○○○★○○○　○○○★○○○　○○○★○○○　○○★○○
160	○○○★○○○　○○○★○○○　○○○★○○○　○○○★○○○　○○○★○○○　○○★○○
200	○○○★○○○　○○○★○○○　○○○★○○○　○○○★○○○　○○○★○○○　○○★○○
240	○○○★○○○　○○○★○○○　○○○★○○○　○○○★○○○　○○○★○○○　○○★○○
280	校長でも尋ねようか　と思ったが、　くたびれたから、　車に乗って宿屋へ
320	連れて行けと　車夫に言い付けた。　車夫は威勢よく　山城屋といううちへ
360	横付にした。　山城屋とは　質屋の勘太郎の　屋号と同じだから
400	ちょっと　面白く思った。
440	何だか二階の　梯子段の下の　暗い部屋へ案内した。　暑くっていられやしない。
480	こんな部屋は　いやだといったら　生憎みんな塞がって　おりますから
520	といいながら　革鞄を　放り出したまま　出て行った。　仕方がないから
560	部屋の中へ　這入って　汗をかいて　我慢していた。　やがて湯に入れと
600	いうから、　ざぶりと飛び込んで、　すぐ上がった。

4級　記号編・文章編（10文字かため読み：1/4行読み）

40	○○○○★○○○○○○○○○★○○○○○○○○○★○○○○○○○○○★○○○○○
80	○○○○★○○○○○○○○○★○○○○○○○○○★○○○○○○○○○★○○○○○
120	○○○○★○○○○○○○○○★○○○○○○○○○★○○○○○○○○○★○○○○○
160	○○○○★○○○○○○○○○★○○○○○○○○○★○○○○○○○○○★○○○○○
200	○○○○★○○○○○○○○○★○○○○○○○○○★○○○○○○○○○★○○○○○
240	○○○○★○○○○○○○○○★○○○○○○○○○★○○○○○○○○○★○○○○○
280	くだらないからすぐ寝たが、　なかなか寝られない。　暑いばかりではない。
320	騒々しい。　下宿の五倍くらいやかましい。　うとうとしたら
360	清（きよ）の夢を見た。　清が越後の笹飴を笹ぐるみ、　むしゃむしゃ食っている。
400	笹は毒だから、　よしたらよかろうというと、　いえこの笹が御薬で御座いますと
440	いって旨そうに食っている。　おれがあきれ返って　大きな口を開いて
480	ハハハハと笑ったら　眼が覚めた。　下女が雨戸を明けている。
520	相変らず空の底が　突き抜けたような天気だ。
560	道中をしたら　茶代をやるものだと聞いていた。　茶代をやらないと
600	粗末に取り扱われると聞いていた。

5級　記号編（13文字かため読み：1/3行読み）

600	560	520	480	440	400	360	320	280	240	200	160	120	80	40
○	○	○	○	○	○	○	○	○	○	○	○	○	○	○
○	○	○	○	○	○	○	○	○	○	○	○	○	○	○
○	○	○	○	○	○	○	○	○	○	○	○	○	○	○
○	○	○	○	○	○	○	○	○	○	○	○	○	○	○
○	○	○	○	○	○	○	○	○	○	○	○	○	○	○
○	○	○	○	○	○	○	○	○	○	○	○	○	○	○
★	★	★	★	★	★	★	★	★	★	★	★	★	★	★
○	○	○	○	○	○	○	○	○	○	○	○	○	○	○
○	○	○	○	○	○	○	○	○	○	○	○	○	○	○
○	○	○	○	○	○	○	○	○	○	○	○	○	○	○
○	○	○	○	○	○	○	○	○	○	○	○	○	○	○
○	○	○	○	○	○	○	○	○	○	○	○	○	○	○
○	○	○	○	○	○	○	○	○	○	○	○	○	○	○
○	○	○	○	○	○	○	○	○	○	○	○	○	○	○
○	○	○	○	○	○	○	○	○	○	○	○	○	○	○
○	○	○	○	○	○	○	○	○	○	○	○	○	○	○
○	○	○	○	○	○	○	○	○	○	○	○	○	○	○
○	○	○	○	○	○	○	○	○	○	○	○	○	○	○
○	○	○	○	○	○	○	○	○	○	○	○	○	○	○
★	★	★	★	★	★	★	★	★	★	★	★	★	★	★
○	○	○	○	○	○	○	○	○	○	○	○	○	○	○
○	○	○	○	○	○	○	○	○	○	○	○	○	○	○
○	○	○	○	○	○	○	○	○	○	○	○	○	○	○
○	○	○	○	○	○	○	○	○	○	○	○	○	○	○
○	○	○	○	○	○	○	○	○	○	○	○	○	○	○
○	○	○	○	○	○	○	○	○	○	○	○	○	○	○
○	○	○	○	○	○	○	○	○	○	○	○	○	○	○
○	○	○	○	○	○	○	○	○	○	○	○	○	○	○
○	○	○	○	○	○	○	○	○	○	○	○	○	○	○
○	○	○	○	○	○	○	○	○	○	○	○	○	○	○
○	○	○	○	○	○	○	○	○	○	○	○	○	○	○
○	○	○	○	○	○	○	○	○	○	○	○	○	○	○
★	★	★	★	★	★	★	★	★	★	★	★	★	★	★
○	○	○	○	○	○	○	○	○	○	○	○	○	○	○
○	○	○	○	○	○	○	○	○	○	○	○	○	○	○
○	○	○	○	○	○	○	○	○	○	○	○	○	○	○
○	○	○	○	○	○	○	○	○	○	○	○	○	○	○
○	○	○	○	○	○	○	○	○	○	○	○	○	○	○
○	○	○	○	○	○	○	○	○	○	○	○	○	○	○
○	○	○	○	○	○	○	○	○	○	○	○	○	○	○

5級　文章編（12文字かため読み：1/3行読み）・新聞記事

田舎者はしみったれだから五円もやれば驚いて眼を廻すにきまっている。

　どうするか見ろと済まして、顔を洗って部屋へ帰って待ってると、夕べの下女が膳を持って来た。盆を持って給仕をしながら、やににやにや笑ってる。

　失敬な奴だ。顔のなかを御祭りでも通りやしまいし。これでもこの下女の面よりよっぽど上等だ。飯を済ましてからにしようと思っていたが、しゃくにさわったから、中途で五円札を一枚出して、あとでこれを帳場へ持って行けといったら、下女は変な顔をしていた。それから飯を済ましてすぐ学校へ出かけた。靴は磨いてなかった。

　学校は昨日車で乗りつけたから、大概の見当は分っている。

　四つ角を二、三度曲がったらすぐ門の前へ出た。門から玄関までは御影石で敷きつめてある。

　昨日この敷石の上を車でがらがらと通った時は、むやみに仰山な音がするので少し弱った。

　途中から小倉の制服を着た生徒に沢山出逢ったが、みんなこの門を入って行く。中にはおれより脊が高くって強そうなのがいる。

　あんな奴を教えるのかと思ったら、何だか気味が悪くなった。名刺を出したら校長室へ通した。

　校長は薄ひげのある、色の黒い眼の大きな狸のような男である。

6 級　記号編（20 文字かため読み：1/2 行読み）

600	560	520	480	440	400	360	320	280	240	200	160	120	80	40
○	○	○	○	○	○	○	○	○	○	○	○	○	○	○
○	○	○	○	○	○	○	○	○	○	○	○	○	○	○
○	○	○	○	○	○	○	○	○	○	○	○	○	○	○
○	○	○	○	○	○	○	○	○	○	○	○	○	○	○
○	○	○	○	○	○	○	○	○	○	○	○	○	○	○
○	○	○	○	○	○	○	○	○	○	○	○	○	○	○
○	○	○	○	○	○	○	○	○	○	○	○	○	○	○
○	○	○	○	○	○	○	○	○	○	○	○	○	○	○
○	○	○	○	○	○	○	○	○	○	○	○	○	○	○
★	★	★	★	★	★	★	★	★	★	★	★	★	★	★
○	○	○	○	○	○	○	○	○	○	○	○	○	○	○
○	○	○	○	○	○	○	○	○	○	○	○	○	○	○
○	○	○	○	○	○	○	○	○	○	○	○	○	○	○
○	○	○	○	○	○	○	○	○	○	○	○	○	○	○
○	○	○	○	○	○	○	○	○	○	○	○	○	○	○
○	○	○	○	○	○	○	○	○	○	○	○	○	○	○
○	○	○	○	○	○	○	○	○	○	○	○	○	○	○
○	○	○	○	○	○	○	○	○	○	○	○	○	○	○
○	○	○	○	○	○	○	○	○	○	○	○	○	○	○
○	○	○	○	○	○	○	○	○	○	○	○	○	○	○
○	○	○	○	○	○	○	○	○	○	○	○	○	○	○
○	○	○	○	○	○	○	○	○	○	○	○	○	○	○
○	○	○	○	○	○	○	○	○	○	○	○	○	○	○
○	○	○	○	○	○	○	○	○	○	○	○	○	○	○
○	○	○	○	○	○	○	○	○	○	○	○	○	○	○
○	○	○	○	○	○	○	○	○	○	○	○	○	○	○
○	○	○	○	○	○	○	○	○	○	○	○	○	○	○
○	○	○	○	○	○	○	○	○	○	○	○	○	○	○
○	○	○	○	○	○	○	○	○	○	○	○	○	○	○
★	★	★	★	★	★	★	★	★	★	★	★	★	★	★
○	○	○	○	○	○	○	○	○	○	○	○	○	○	○
○	○	○	○	○	○	○	○	○	○	○	○	○	○	○
○	○	○	○	○	○	○	○	○	○	○	○	○	○	○
○	○	○	○	○	○	○	○	○	○	○	○	○	○	○
○	○	○	○	○	○	○	○	○	○	○	○	○	○	○
○	○	○	○	○	○	○	○	○	○	○	○	○	○	○
○	○	○	○	○	○	○	○	○	○	○	○	○	○	○
○	○	○	○	○	○	○	○	○	○	○	○	○	○	○
○	○	○	○	○	○	○	○	○	○	○	○	○	○	○
○	○	○	○	○	○	○	○	○	○	○	○	○	○	○

6級　文章編（20文字かため読み：1/2行読み）

やに勿体ぶっていた。まあ精出して勉強してくれといって、恭しく大きな印のおさった、辞令を渡した。この辞令は東京へ帰るとき丸めて海の中に放り込んでしまった。

校長は今に職員に紹介してやるから、一々その人にこの辞令を見せるんだと言って聞かした。余計な手数だ。

そんな面倒な事をするより、この辞令を三日間教員室へ張り付ける方がましだ。

教員が控所へ揃うには一時間目のラッパが鳴らなくてはならぬ。大分時間がある。校長は時計を出して見て、追々ゆるりと話すつもりだが、先ず大体の事をのみ込んで置いてもらおうといって、それから教育の精神について長い御談義を聞かした。

おれは無論いい加減に聞いていたが、途中からこれは飛んだ所へ来たと思った。校長のいうようにはとてもできない。

おれ見たような無鉄砲なものをつかまえて生徒の模範になれの、一校の師表と仰がれなくては行かんの、学問以外に個人の徳化を及ばさなくては教育者になれないの、とむやみに法外な注文をする。

そんなえらい人が月給四十円で遥々こんな田舎へくるもんか。人間は大概似たもんだ。腹が立てば喧嘩の一つ位は誰でもするだろうと思ってたが、この様子じゃ滅多に口も聞けない、散歩もできない。そんなむずかしい役なら雇う前にこれこれだと話すがいい。おれは嘘をつくのが嫌いだから、仕方がない。

7級　記号編（1行かため読み）

600	560	520	480	440	400	360	320	280	240	200	160	120	80	40
○	○	○	○	○	○	○	○	○	○	○	○	○	○	○
○	○	○	○	○	○	○	○	○	○	○	○	○	○	○
○	○	○	○	○	○	○	○	○	○	○	○	○	○	○
○	○	○	○	○	○	○	○	○	○	○	○	○	○	○
○	○	○	○	○	○	○	○	○	○	○	○	○	○	○
○	○	○	○	○	○	○	○	○	○	○	○	○	○	○
○	○	○	○	○	○	○	○	○	○	○	○	○	○	○
○	○	○	○	○	○	○	○	○	○	○	○	○	○	○
○	○	○	○	○	○	○	○	○	○	○	○	○	○	○
○	○	○	○	○	○	○	○	○	○	○	○	○	○	○
○	○	○	○	○	○	○	○	○	○	○	○	○	○	○
○	○	○	○	○	○	○	○	○	○	○	○	○	○	○
○	○	○	○	○	○	○	○	○	○	○	○	○	○	○
○	○	○	○	○	○	○	○	○	○	○	○	○	○	○
○	○	○	○	○	○	○	○	○	○	○	○	○	○	○
○	○	○	○	○	○	○	○	○	○	○	○	○	○	○
○	○	○	○	○	○	○	○	○	○	○	○	○	○	○
○	○	○	○	○	○	○	○	○	○	○	○	○	○	○
○	○	○	○	○	○	○	○	○	○	○	○	○	○	○
★	★	★	★	★	★	★	★	★	★	★	★	★	★	★
○	○	○	○	○	○	○	○	○	○	○	○	○	○	○
○	○	○	○	○	○	○	○	○	○	○	○	○	○	○
○	○	○	○	○	○	○	○	○	○	○	○	○	○	○
○	○	○	○	○	○	○	○	○	○	○	○	○	○	○
○	○	○	○	○	○	○	○	○	○	○	○	○	○	○
○	○	○	○	○	○	○	○	○	○	○	○	○	○	○
○	○	○	○	○	○	○	○	○	○	○	○	○	○	○
○	○	○	○	○	○	○	○	○	○	○	○	○	○	○
○	○	○	○	○	○	○	○	○	○	○	○	○	○	○
○	○	○	○	○	○	○	○	○	○	○	○	○	○	○
○	○	○	○	○	○	○	○	○	○	○	○	○	○	○
○	○	○	○	○	○	○	○	○	○	○	○	○	○	○
○	○	○	○	○	○	○	○	○	○	○	○	○	○	○
○	○	○	○	○	○	○	○	○	○	○	○	○	○	○
○	○	○	○	○	○	○	○	○	○	○	○	○	○	○
○	○	○	○	○	○	○	○	○	○	○	○	○	○	○
○	○	○	○	○	○	○	○	○	○	○	○	○	○	○
○	○	○	○	○	○	○	○	○	○	○	○	○	○	○
○	○	○	○	○	○	○	○	○	○	○	○	○	○	○
○	○	○	○	○	○	○	○	○	○	○	○	○	○	○

7級　文章編（1行かため読み）

だまされて来たのだとあきらめて、思い切りよく、ここで断わって帰っちまおうと思った。宿屋へ五円やったから財布の中には九円なにがししかない。九円じゃ東京までは帰れない。茶代なんかやらなければよかった。惜しい事をした。

しかし九円だって、どうかならない事はない。旅費は足りなくっても、嘘をつくよりましだと思って、到底あなたの仰ゃる通りにゃ、出来ません。この辞令は返しますといったら、校長は狸のような眼をぱちつかせておれの顔を見ていた。

やがて、今のはただ希望である、あなたが希望通り出来ないのはよく知っているから心配しなくってもいいといいながら笑った。その位よく知っているなら、始めから、おどかさなければいいのに。

そう、こうする内にラッパが鳴った。教場の方が急にがやがやする。もう教員も控所へ揃いましたろうというから、校長に尾いて教員控所へ這入った。広い細長い部屋の周囲に机を並べてみんな腰をかけている。

おれが這入ったのを見て、みんな申し合わせたようにおれの顔を見た。見せ物じゃあるまいし。それから申し付けられた通り一人々々の前へ行って辞令を出して挨拶をした。大概は椅子を離れて腰をかがめるばかりであったが、念の入ったのは差し出した辞令を受け

8級　記号編（2行かため読み）

600	560	520	480	440	400	360	320	280	240	200	160	120	80	40
○	○	○	○	○	○	○	○	○	○	○	○	○	○	○
○	○	○	○	○	○	○	○	○	○	○	○	○	○	○
○	○	○	○	○	○	○	○	○	○	○	○	○	○	○
○	○	○	○	○	○	○	○	○	○	○	○	○	○	○
○	○	○	○	○	○	○	○	○	○	○	○	○	○	○
○	○	○	○	○	○	○	○	○	○	○	○	○	○	○
○	○	○	○	○	○	○	○	○	○	○	○	○	○	○
○	○	○	○	○	○	○	○	○	○	○	○	○	○	○
○	○	○	○	○	○	○	○	○	○	○	○	○	○	○
○	○	○	○	○	○	○	○	○	○	○	○	○	○	○
○	○	○	○	○	○	○	○	○	○	○	○	○	○	○
○	○	○	○	○	○	○	○	○	○	○	○	○	○	○
○	○	○	○	○	○	○	○	○	○	○	○	○	○	○
○	○	○	○	○	○	○	○	○	○	○	○	○	○	○
○	○	○	○	○	○	○	○	○	○	○	○	○	○	○
○	○	○	○	○	○	○	○	○	○	○	○	○	○	○
○	○	○	○	○	○	○	○	○	○	○	○	○	○	○
○	○	○	○	○	○	○	○	○	○	○	○	○	○	○
○	○	○	○	○	○	○	○	○	○	○	○	○	○	○
○	★	○	★	○	★	○	★	○	★	○	★	○	★	○
○	○	○	○	○	○	○	○	○	○	○	○	○	○	○
○	○	○	○	○	○	○	○	○	○	○	○	○	○	○
○	○	○	○	○	○	○	○	○	○	○	○	○	○	○
○	○	○	○	○	○	○	○	○	○	○	○	○	○	○
○	○	○	○	○	○	○	○	○	○	○	○	○	○	○
○	○	○	○	○	○	○	○	○	○	○	○	○	○	○
○	○	○	○	○	○	○	○	○	○	○	○	○	○	○
○	○	○	○	○	○	○	○	○	○	○	○	○	○	○
○	○	○	○	○	○	○	○	○	○	○	○	○	○	○
○	○	○	○	○	○	○	○	○	○	○	○	○	○	○
○	○	○	○	○	○	○	○	○	○	○	○	○	○	○
○	○	○	○	○	○	○	○	○	○	○	○	○	○	○
○	○	○	○	○	○	○	○	○	○	○	○	○	○	○
○	○	○	○	○	○	○	○	○	○	○	○	○	○	○
○	○	○	○	○	○	○	○	○	○	○	○	○	○	○
○	○	○	○	○	○	○	○	○	○	○	○	○	○	○
○	○	○	○	○	○	○	○	○	○	○	○	○	○	○
○	○	○	○	○	○	○	○	○	○	○	○	○	○	○
○	○	○	○	○	○	○	○	○	○	○	○	○	○	○
○	○	○	○	○	○	○	○	○	○	○	○	○	○	○

8級　文章編（2行かため読み）

取って一応拝見をしてそれを恭しく返却した。まるで宮芝居の真似だ。十五人目の体操の牧師へと廻って来た時には、同じことを何返もやるので少々じれったくなった。向こうは一度で済む、こっちは同じ所作を十五返繰り返している。少しはひとの了見も察して見るがいい。

挨拶をしたうちに教頭のなにがしというのがいた。これは文学士だそうだ。文学士といえば大学の卒業生だからえらい人なんだろう。妙に女のような優しい声を出す人だった。もっとも、驚いたのはこの暑いのにフランネルのシャツを着ている。いくらか薄い地には相違なくっても暑いには極ってる。文学士だけに御苦労千万な服装（なり）をしたもんだ。

しかもそれが赤シャツだから人を馬鹿にしている。あとから聞いたらこの男は年が年中赤シャツを着るんだそうだ。妙な病気があった者だ。当人の説明では赤は身体に薬になるから、衛生のためにわざわざ、誂えるんだそうだが、入らざる心配だ。そんならついでに着物もはかまも赤にすればいい。それから英語の教師に古賀とかいう大変顔色の悪い男がいた。大概、顔の蒼（あお）い人は痩せてるもんだが、この男は蒼くふくれている。むかし、小学校へ行く時分、浅井の民さんという子が同級生にあったが、この浅井のおやじがやはり、こんな色つやだった。浅井は百姓だから、百姓になるとあんな顔になるかと清に

9級　記号編（3行かため読み）

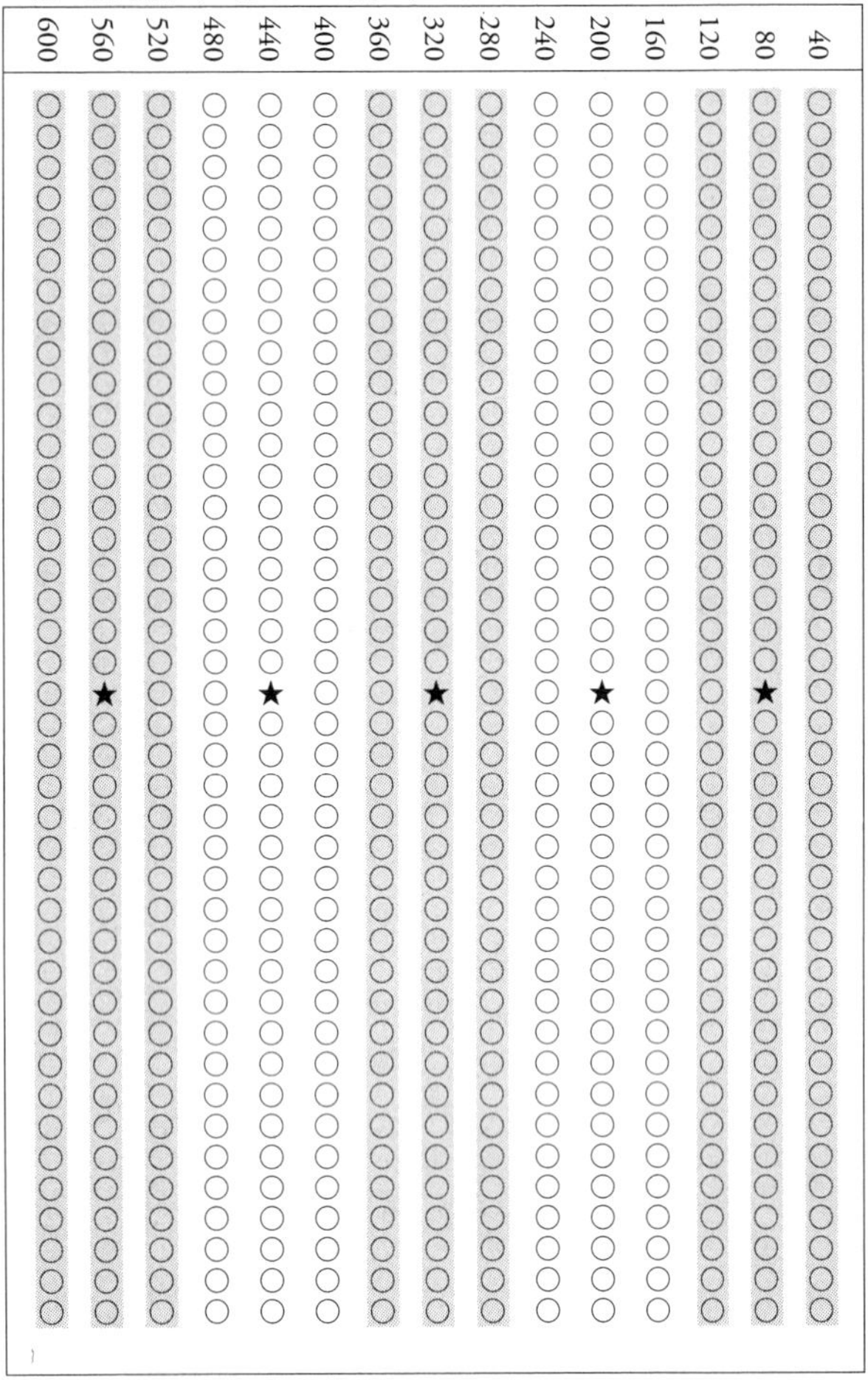

9級　文章編（3行かため読み）

聞いて見たら、そうじゃありません、あの人はうらなりの唐茄子ばかり食べるから、蒼くふくれるんですと教えてくれた。それ以来蒼くふくれた人を見れば必ずうらなりの唐茄子を食った酬いだと思う。この英語の教師もうらなりばかり食っているにちがいない。もっとも、うらなりとは何のことか今もって知らない。清に聞いて見たこともあるが、清は笑って答えなかった。大方、清も知らないだろう。それからおれと同じ数学の教師に堀田というのがいた。これはたくましい、毬栗坊主で、叡山の悪僧というべき面構である。人がていねいに辞令を見せたら見向きもせず、やあ君が新任の人か、ちと遊びに来給えアハハハといった。何がアハハハだ。そんな礼儀を心得ぬ奴の所へ誰が遊びに行くものか。おれはこの時からこの坊主に山嵐というあだ名をつけてやった。

漢学の先生はさすがに堅いものだ、昨日御着で、さぞ御疲れで、それでもう授業を御始めで、大分御励精で、――とのべつに弁じたのは愛嬌のある御爺さんだ。画学の教師は全く芸人風だ。べらべらした透綾の羽織を着て、扇子をぱちつかせて、御国はどちらでげす、え？　東京？　そりゃ嬉しい、御仲間が出来て……私もこれで江戸っ子ですといった。こんなのが江戸っ子なら江戸には生れたくないもんだと心中に考えた。そのほか一人々々についてこんな事を書けばいくらでもある。しかし際限がないからやめる。

10級　記号編（5行かため読み：1/3ページ読み）

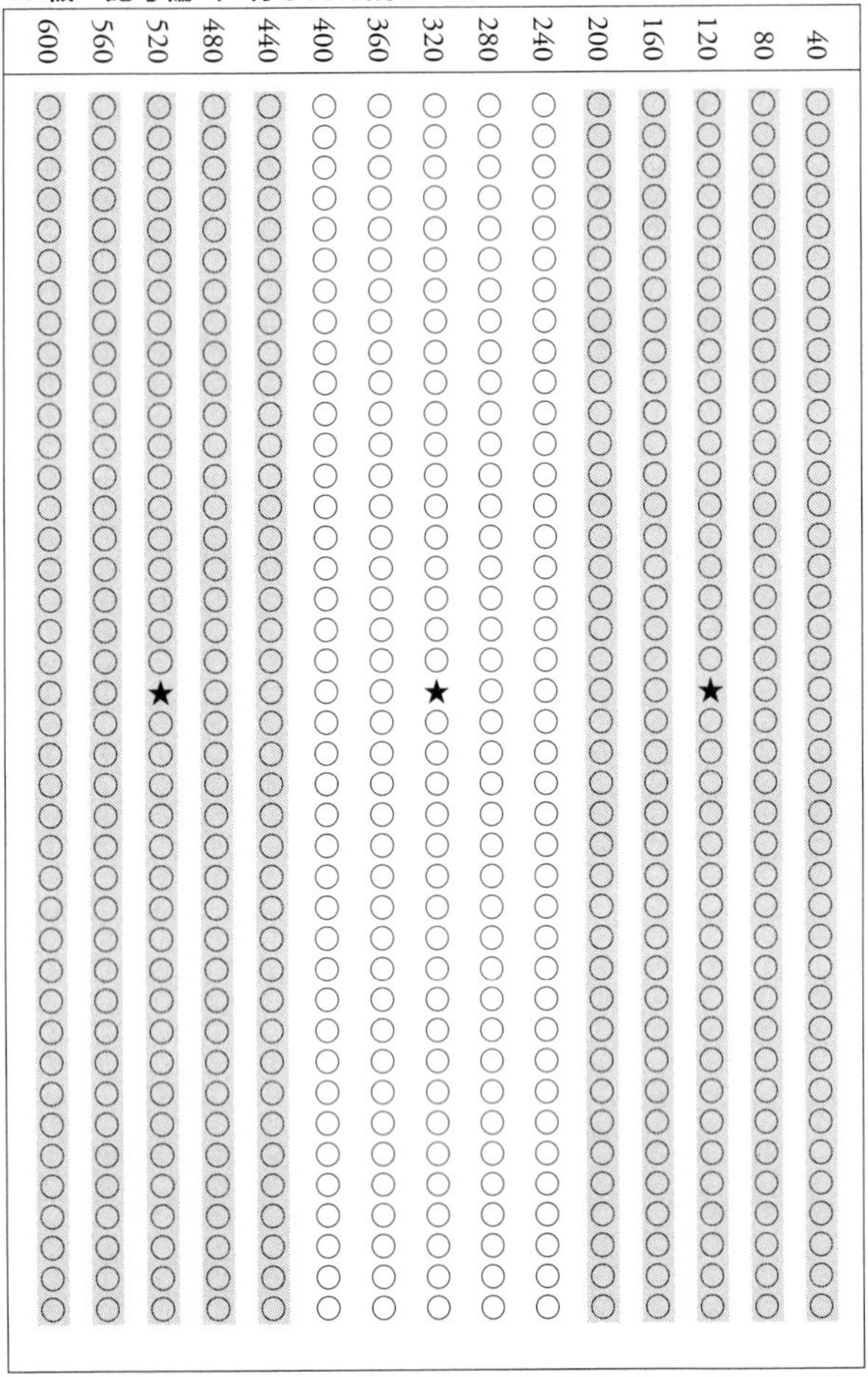

10級　文章編（5行かため読み：1/3ページ読み）

挨拶が一通り済んだら、校長が今日はもう引き取ってもいい、しかも授業上の事は数学の主任と打ち合せをして置いて、明後日から課業を始めてくれといった。数学の主任は誰かと聞いて見たら例の山嵐であった。忌々しい、こいつの下に働くのかおやおやと失望した。山嵐は、「お君どこに宿ってるか、山城屋か、うん、今に行って相談する」といい残して白墨を持って教場へ出ていった。主任のくせに向から来て相談するなんて不見識な男だ。しかし呼び付けるよりは感心だ。

それから学校の門を出て、すぐ宿へ帰ろうと思ったが、帰ったって仕方がないから、少し町を散歩してやろうと思って、むやみに足の向く方をあるき散らした。県庁も見た。古い前世紀の建築である。兵営も見た。麻布の連隊より立派でない。大通りも見た。神楽坂を半分に狭くした位な道幅で町並はあれより落ちる。二五万石の城下だって高の知れたものだ。こんな所に住んで御城下だなどと威張っている人間は可哀相なものだと考えながらくると、いつしか山城屋の前に出た。広いようで狭いものだ。これで大抵は見尽くしたのだろう。帰って飯でも食おうかと門口を這入った。帳場に座っていたかみさんが、おれの顔を見ると急に飛び出して来て御帰り……と板の間へ頭をつけた。靴を脱いで上がると、御座敷があきましたからと下女が二階へ案内をした。十五畳の表二階で大きな床の間がつ

11級　記号編（半ページかため読み）

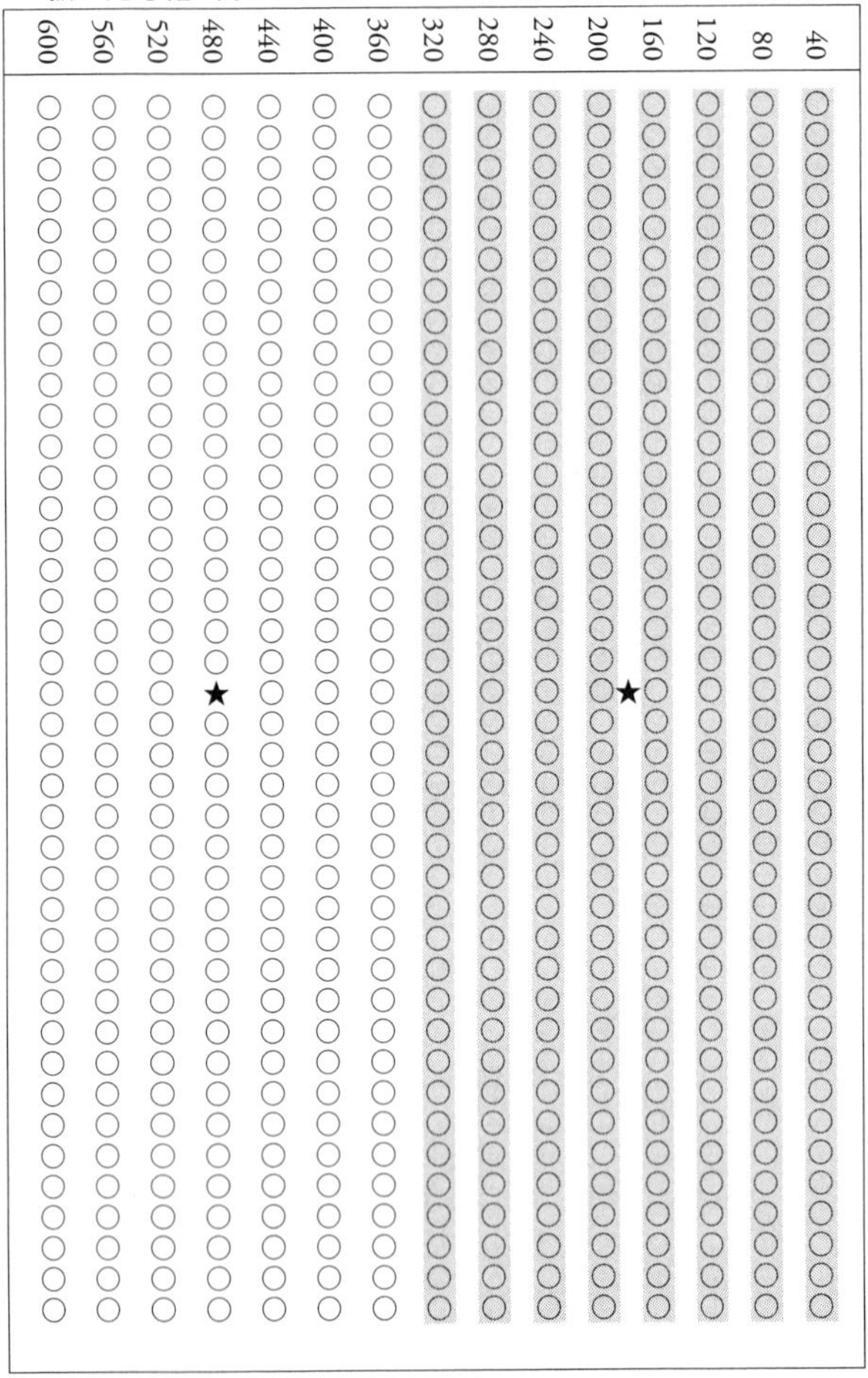

11級　文章編（半ページかため読み）

いている。おれは生れてからまだこんな立派な座敷へ這入った事はない。この後いつ這入れるか分らないから、洋服を脱いで浴衣一枚になって座敷の真中へ大の字に寝て見た。いい心持である。

昼飯を食ってから早速、清へ手紙をかいてやった。おれは文章がまずい上に字を知らないから手紙をかくのが大嫌いだ。またやる所もない。しかし清は心配しているだろう。難船して死にやしないかなどと思っちゃ困るから、奮発して長いのを書いてやった。その文句はこうである。

「きのう着いた。つまらん所だ。十五畳の座敷に寝ている。宿屋へ茶代を五円やった。かみさんが頭を板の間へすりつけた。夕べは寝られなかった。清が笹飴を笹ごと食う夢を見た。来年の夏は帰る。今日学校へ行ってみんなにあだなをつけてやった。校長は狸、教頭は赤シャツ、英語の教師はうらなり、数学は山嵐、画学はのだいこ。今に色々な事を書いてやる。さようなら」

手紙を書いてしまったら、いい心持になって眠気がさしたから、最前のように座敷の真中へのびのびと大の字に寝た。今度は夢も何も見ないでぐっすり寝た。この部屋かいと大きな声がするので眼が覚めたら、山嵐が這入って来た。最前は失敬、君の受持ちは……と

12級　記号編（1ページかため読み）

600	560	520	480	440	400	360	320	280	240	200	160	120	80	40
○	○	○	○	○	○	○	○	○	○	○	○	○	○	○
○	○	○	○	○	○	○	○	○	○	○	○	○	○	○
○	○	○	○	○	○	○	○	○	○	○	○	○	○	○
○	○	○	○	○	○	○	○	○	○	○	○	○	○	○
○	○	○	○	○	○	○	○	○	○	○	○	○	○	○
○	○	○	○	○	○	○	○	○	○	○	○	○	○	○
○	○	○	○	○	○	○	○	○	○	○	○	○	○	○
○	○	○	○	○	○	○	○	○	○	○	○	○	○	○
○	○	○	○	○	○	○	○	○	○	○	○	○	○	○
○	○	○	○	○	○	○	○	○	○	○	○	○	○	○
○	○	○	○	○	○	○	○	○	○	○	○	○	○	○
○	○	○	○	○	○	○	○	○	○	○	○	○	○	○
○	○	○	○	○	○	○	○	○	○	○	○	○	○	○
○	○	○	○	○	○	○	○	○	○	○	○	○	○	○
○	○	○	○	○	○	○	○	○	○	○	○	○	○	○
○	○	○	○	○	○	○	○	○	○	○	○	○	○	○
○	○	○	○	○	○	○	○	○	○	○	○	○	○	○
○	○	○	○	○	○	○	○	○	○	○	○	○	○	○
○	○	○	○	○	○	○	○	○	○	○	○	○	○	○
○	○	○	○	○	○	○	○	○	○	○	○	○	○	○
○	○	○	○	○	○	○	○ ★	○	○	○	○	○	○	○
○	○	○	○	○	○	○	○	○	○	○	○	○	○	○
○	○	○	○	○	○	○	○	○	○	○	○	○	○	○
○	○	○	○	○	○	○	○	○	○	○	○	○	○	○
○	○	○	○	○	○	○	○	○	○	○	○	○	○	○
○	○	○	○	○	○	○	○	○	○	○	○	○	○	○
○	○	○	○	○	○	○	○	○	○	○	○	○	○	○
○	○	○	○	○	○	○	○	○	○	○	○	○	○	○
○	○	○	○	○	○	○	○	○	○	○	○	○	○	○
○	○	○	○	○	○	○	○	○	○	○	○	○	○	○
○	○	○	○	○	○	○	○	○	○	○	○	○	○	○
○	○	○	○	○	○	○	○	○	○	○	○	○	○	○
○	○	○	○	○	○	○	○	○	○	○	○	○	○	○
○	○	○	○	○	○	○	○	○	○	○	○	○	○	○
○	○	○	○	○	○	○	○	○	○	○	○	○	○	○
○	○	○	○	○	○	○	○	○	○	○	○	○	○	○
○	○	○	○	○	○	○	○	○	○	○	○	○	○	○
○	○	○	○	○	○	○	○	○	○	○	○	○	○	○
○	○	○	○	○	○	○	○	○	○	○	○	○	○	○
○	○	○	○	○	○	○	○	○	○	○	○	○	○	○

12級　文章編（1ページかため読み）

人が起き上がるや否や談判を開かれたので大いに狼狽した。受持ちを聞いて見ると別段むずかしい事もなさそうだから承知した。この位の事なら、明後日は愚か、明日から始めろといったって驚かない。授業の打ち合わせが済んだら、君はいつまでこんな宿屋にいるつもりでもあるまい、僕がいい下宿を周旋してやるから移り玉え。外のものでは承知しないが僕が話せばすぐ出来る。早い方がいいから、今日見て、あす移って、あさってから学校へ行けば極りがいいと一人で呑み込んでいる。なるほど十五畳敷にいつまでいる訳にも行くまい。月給をみんな宿料に払っても追いつかないかもしれぬ。五円の茶代を奮発してすぐ移るのはちと残念だが、どうせ移る者なら、早く引っ越して落ちつくのが便利だから、そこの所はよろしく山嵐に頼む事にした。すると山嵐はともかくも、一所に来て見ろというから、行った。町はずれの岡の中腹にある家で至極閑静だ。主人は骨董を売買するいか銀という男で、女房は亭主よりも四つばかり、年嵩の女だ。中学校にいた時ウィッチという言葉を習った事があるがこの女房は正にウィッチに似ている。ウィッチだって人の女房だから構わない。とうとう明日から引き移る事にした。帰りに山嵐は通町で氷水を一杯おごった。学校で逢った時は、やに横風な失敬な奴だと思ったが、こんなに色々世話をしてくれる所を見ると、悪い男でもなさそうだ。

（夏目漱石著『坊っちゃん』岩波文庫より）

パソコンでもできる速読トレーニング

インターネットの情報が表示されるパソコン画面では、スクロールしつつ、次々と現れる文字や画像データを情報として得るので、必然的に、速読訓練の格好の場となる。

本書で紹介したキーワード法やスキミング、スキャニングなどあらゆる速読技術をフル動員して、短時間で重要情報をキャッチするように意識する。

画面に現れる内容にもよるが、できるだけ視界を広げて、視点を画面の中心にスクロールさせていく。その際、垂直線の左右の重要情報に気を配り、重要情報があれば、そちらに視点を移動する。重要な情報はファイルに保存しておき、後からもう一度見る。

視点と意識の移動のイメージ図

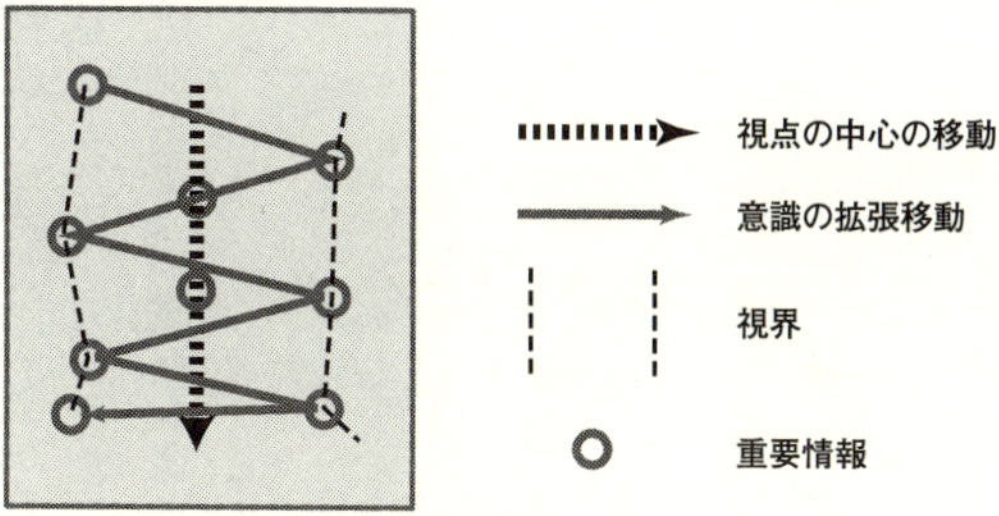

パソコンの画面

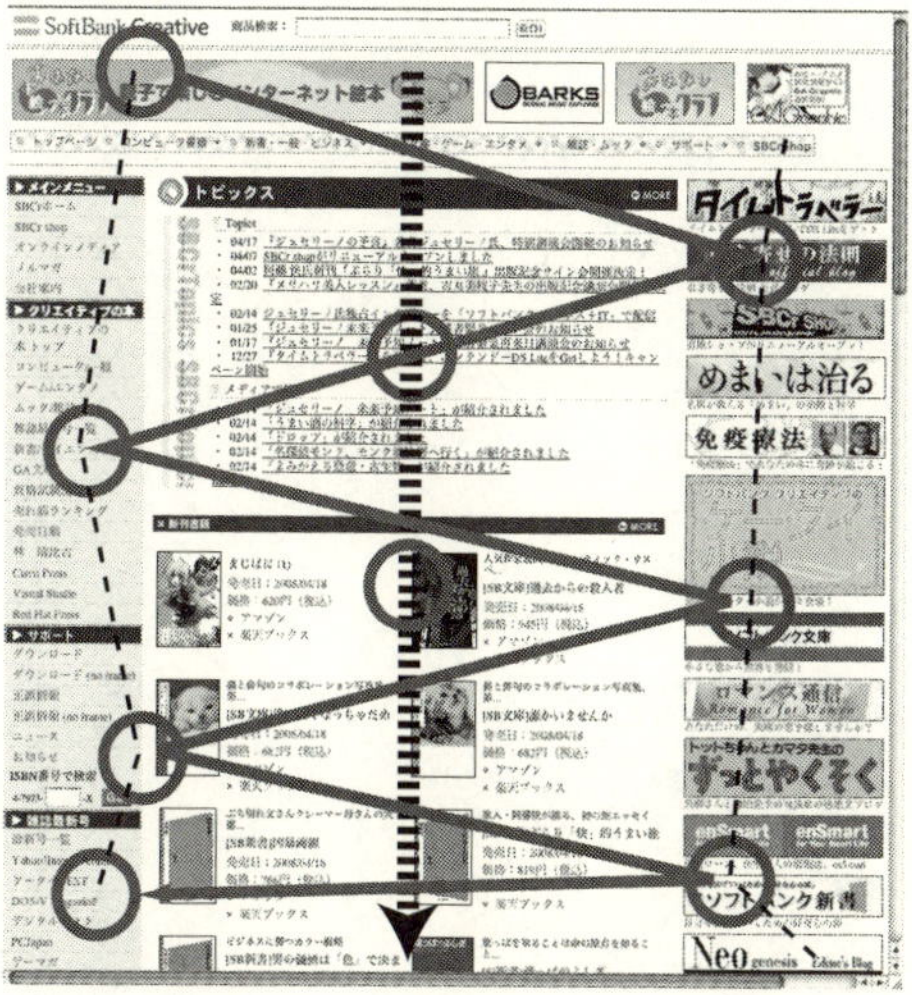

左右の重要情報に気を配りつつ視点を垂直に下降させるか、
上に画面をスクロールする

ただし、ディスプレーを長時間続けて見ていると、目にとっては良くないので、少しでも疲労を感じたら、休憩を入れるようにしてほしい。体操や散歩をしたり、遠くを見るようにする。また、できることなら、画面にあまり目を近づけないようにすること。必要なら紫外線カットのスクリーンをつけるとか、同様のメガネをかける。

速読なら各種資料はこう読む

速読の訓練は身近にある読みたい本や雑誌を使えばいくらでもできる。

もちろん、毎日トレーニングをするのであれば、新聞が格好のテキストになる。

新聞1日分は、総文字数を計算すれば約42万文字もあり、新書判の3〜4冊分にも相当する膨大な情報が含まれているだけでなく、毎日発行されるので、その日のうちに読まないと情報がどんどん古くなってしまう。

しかし、学校や仕事があるほとんどの人は、新聞を読むことだけに、時間を割いてはいられない。隅から隅まで全部読むという人は、そういないだろう。

つまり、みな自己流の速読をしているわけである。

したがって、少し意識的に訓練するだけで、もっと速く読めて、理解も深くなる。

とくに新聞の構成には、重要度の高い文章が先に出てくるなど、ある一定のパターンがあるので、それを押さえておけばカンタンに目を通すことができる。何よりも本書で紹介した速読技術を実際に応用するチャンスだ。

それでは、速読術を応用して新聞を読むためのポイントをあげておこう（217ページ「新聞の読み方例」参照）。

①一面の主見出しを読む

まず、新聞を手に取り、パッと一面の一番大きな見出しを読む。

↓

②副見出しを読む

次に副見出しを読む。①と②だけで、要点中の要点をつかんだことになる。見出しは要点のもっとも濃縮した形なのだ。ここで、細かい情報へと枝分かれすることになる。

↓

③記事の要約を読む

主見出しのテーマに興味がある場合は記事の要約を読む。慣れれば、上半分、下半分ずつの2回で読んでしまおう。

④説明部分を読む ←

説明部分を読むときは、必ず3〜5行ずつまとめて読むこと。新聞は1行11字前後になっているので、一目で見るのによい文字数だ。視点の中心をそれぞれのブロックの中心におきながら、一つのかたまりを見たら次のかたまり……という具合いに視点を移動させる。

詳しく読みたいときは、1行ずつ、パッと視読する。決して文字を追って読んだり、声に出して読んではいけない。イメージで読んでいくのだ。

なお、この部分の解説記事は、重要度の高いものから順に書かれているので、もうよいと思ったら途中で切り上げればよい。

⑤次の見出しを読む ←

ひととおり、記事に目を通したら次の記事に移る。もちろん、最初のテーマに興味がなければ、すぐに次の記事に移ればいい。あとは、これまでと同じ要領だ。

単行本などに比べて新聞や雑誌は1行あたりの文字数が少なくなっている。このようなときは基本的に水平読みあるいは垂直読みを応用すればいい。流し読みや飛ばし読みをせずに、各ブロックの中心に視点をおき、一目で視読すること。

あるいはキーワードを中心に、視野を一定に拡大しながら、文章の大意をつかむ。

これが秘訣だ。

このほか、各種資料の速読的読み方のポイントをあげておくので参考にしてほしい。

①株式市況など細かいデータ

たとえば、株式欄は細かい数字と会社名がたくさん並んでいるので、目の検索能力強化訓練にとてもよい。ホンダ、トヨタ、三菱……といった会社名を探すのに、目を活発に動かしてみる。

「上下視野拡大訓練」を実地訓練しているのと同じだ。できるだけスピードを意識し、速く探せるようにする。ふだんよく見ている会社名なら、「自動車」といった見出しの欄を探さずとも、そのまま、ダイレクトに社名を検索できるだろう。

②横組み文字の雑誌・資料・論文

横並びにかためて1〜3行ぐらいずつまとめて読む。その際、見出しはしっかり頭

新聞の読み方例

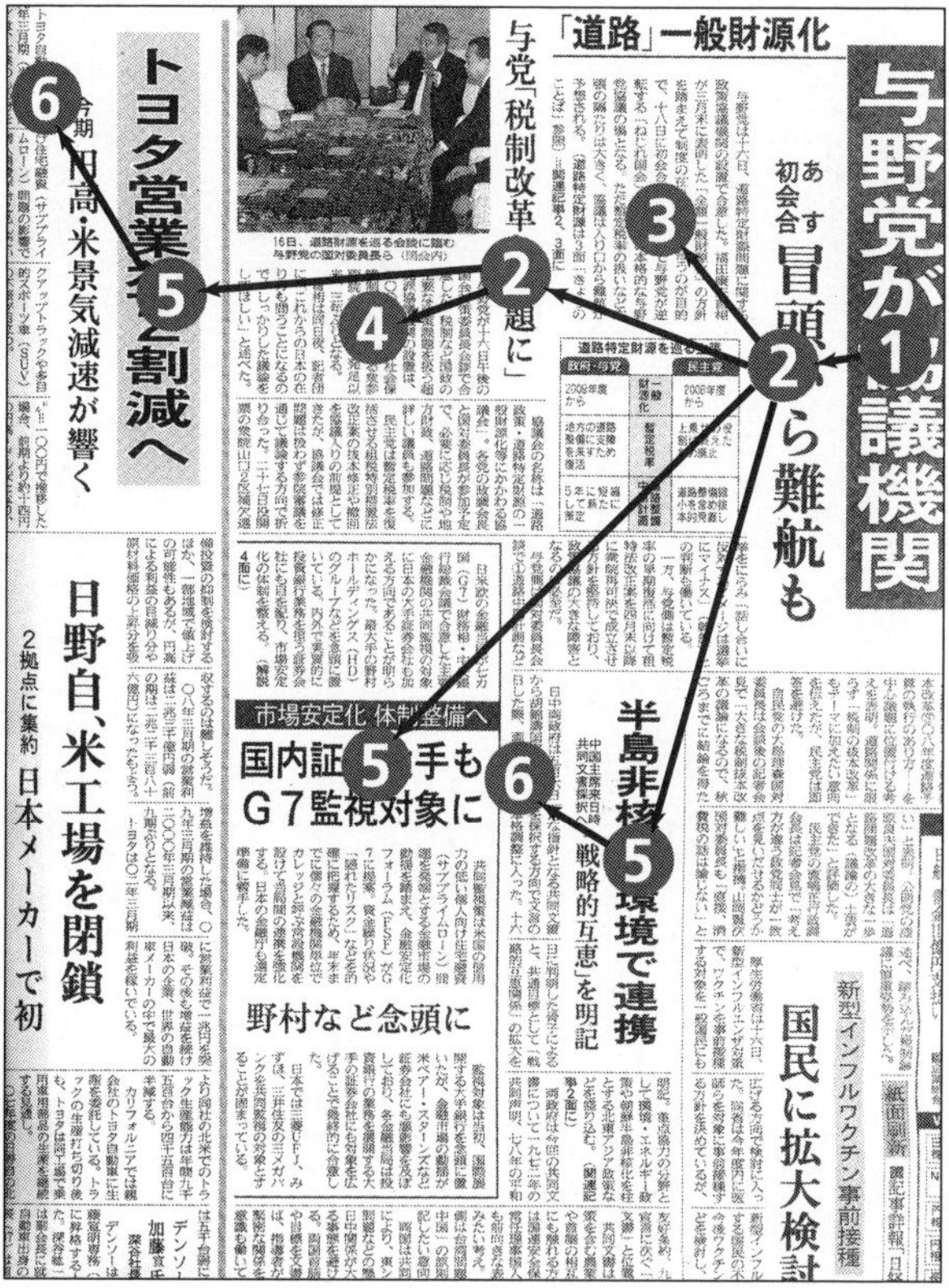
与野党が協議機関
「道路」一般財源化
初会合《あす》 冒頭から難航も
与党「税制改革 議題に」
16日、道路財源を巡る会談に臨む与野党の国対委員長ら（国会内）
道路特定財源を巡る主張
トヨタ営業益2割減へ
今期 円高・米景気減速が響く
日野自、米工場を閉鎖
2拠点に集約 日本メーカーで初
市場安定化 体制整備へ
国内証券大手もG7監視対象に
野村など念頭に
半島非核化 環境で連携
中国主席来日時 共同文書採択へ
戦略的互恵」を明記
国民に拡大検討
新型インフルワクチン事前接種

に入れなくてはならない。見出しをみて興味がなければその部分は飛ばし、チャートなど図表がはさみこまれている部分は執筆者がもっとも主張したい部分であることが多いので、重視するとよい。

③英文記事・文献

見出し、要約、第一重要文、第二重要文という順序は、新聞と同じだ。見出しと要点の書いてあるところを探し、じっくり読む。2～3語ずつかたまりで読み、慣れてきたら1～3行ずつまとめて読むようにする。

コラム　読書の達人 3　本好きのための本好きな話

「サマセット・モーム」の場合

イギリスの作家サマセット・モームが著した『読書案内』によると、モームは1冊ずつ読むのではなく、同時に4、5冊の本を並行して読んでいた。その日その日で気分が違うし、ある1冊の書物を読もうとする熱意も時間によって違うのだから、その時の気分に合った本を読むのが一番だ、というのがモームの考え。実際に彼は、朝、仕事を始める前には科学書や哲学書などの「新鮮で注意深い頭脳を必要とする書物」を、仕事のあとの、激しい努力を必要とする精神活動はやりたくない気分の午後には、随筆や歴史などの書物を、夕方には小説を、と時間によってある程度のジャンル分けをしていた。そのほか、読みたいときにいつでも読めるように詩集を、また、夜寝るときには、どこから読み始め、読み終えても少しも心をかき乱されない書物を1冊用意していたらしい。また、モームは「飛ばして読むことも読書法の一つ」だという。たとえば、古典的な書物の、むずかしい注釈のある部分は、現代の読者にとっては難解で、退屈でしかない。重要な意味を持つ場合以外には、そうした部分は思い切って飛ばして読めば、有益に、かつ楽しんで読書をすることができるというわけだ。

（モーム著・西川正身訳『読書案内』／岩波文庫参照）

「江戸川乱歩」の場合

幻想ロマン文学の奇才、江戸川乱歩。乱歩は自らの読書を「わがままの気まぐれの常として、気の向いた本を漫読する散策的な読み方」だと称している。ただ、一方で魅力ある書物に出会うと驚くばかりの「長旅」にも出ていたらしい。彼の名随筆『書斎の旅』によると、散策的読書の途上で知り合ったJ・A・シモンズの伝記をきっかけに、シモンズのほとんどの著作を読破し、さらにギリシャ関連のあらゆる書物へと、その読書を広げていくさまが、みずみずしいタッチで描かれている。

（『江戸川乱歩全集第17巻』講談社参照）

「二宮尊徳」の場合

決まった読書の場を持たず、薪を売り歩きながら読書をしたという話で有名なのは、かの二宮尊徳だが、実はこの方法、尊徳一人がやっていた方法ではなく、むしろ漢の朱買臣が本家だという。そう考えると、西行や桃水、芭蕉といった草枕の諸氏も、移動しながらのちょっとした間に、書物をひもといていたり思索に耽っていたのであろう。考えようによっては、どんな場所でも読書はできるというい いお手本を、先人は伝えてくれているのだ。

（楠瀬日年著『書斎管見』（風変わりな書斎）南有書院参照）

「毛沢東」の場合

中国の故毛沢東主席も、大変な読書家として知られている。没後10年目にあたる1986年には、党機関紙「人民日報」が三面1ページをつぶし、その読書生活について紹介する論文を掲載したほど。中国では「歴史上の偉人の死を記念した公式行事はしない」方針であることを考えると、故毛主席の読書の奥の深さが偲ばれる。氏の読破した書物はマルクス・レーニン主義に関連したものに止まらず、金剛経、華厳経といった仏教書から聖書までの、幅広い思想書を含んでいたという。

「辻静雄」の場合

フランス料理を日本に紹介し、広めた第一人者として、また希代の料理研究家として知られる「辻調理師専門学校」の前校長、故辻静雄氏。フランス料理に関するさまざまな名著を残しているが、文献の蒐集やその読破ぶりも、並々ならないものがあったらしい。そんな氏だが、実は最初から料理人だったわけではない。もとは新聞記者。取材で料理学校を訪問したのがきっかけで結婚。料理の道に入ったのは、その後のことだったという。フランス料理やワイン、その歴史などに関わるありとあらゆる書を読みあさり、自分の物とした結果が、今日の日本のフランス、イタリア料理や、ワインの歴史を作ったといっても過言ではない。

第4章

月50冊読むための実践速読術

いくら訓練をしても、実践で役立たなくては意味がない。

最後の章では、これまで述べてきた速読術をいかに実際の日常生活やビジネスに応用するか、私自身の実践経験を例に述べていこう。

平均的なビジネスマンの実践例なので、同じように日常の仕事を抱え、読書をしたくともなかなか思うように時間がとれないという方にとって参考になるだろう。

三系列読書法なら月に50冊ラクラク読める

モバイル速読で空き時間を有効に活用する

私の読書ノルマは月に50冊という時期が10年間も続いた。（1988年～1997年）

その後、私の研究対象も次第に深くなり、精読系の読書と速読を併用するようになり、月10～30冊程度に落ちついている。しかし、今でも必要とあれば、本書に述べた速読技術を使って月50冊の速読は可能である。

しかも、そのうち8割は通勤中に読み終えてしまう。

このノルマを継続できたのは、読書が自分にとって一番の楽しみであったこともあるが、何よりも読書によって得るものが大きかったからである。大量の情報をインプットすることによって、創造力、独創性が鍛えられ、結果として、多数の論文や年2冊のペースで本を書くというアウトプットに結びついていったからだ。

しかし、もちろん気持ちだけでは続かない。

サラリーマンだった私は時間が限られていた。

〈できるだけラクに大量の本を読む方法はないだろうか〉

そこで私は、通勤時間という空き時間を利用して、最大の効果を上げようと考えた。

いわば、「モバイル（移動式）速読」だ。

これなら短時間に多くの情報を吸収できるうえ、毎日の習慣として継続しやすい。

あらかじめ狙いを定めて書店に飛び込む

たとえば、仕事帰りに見かける電車の宙吊りチラシ。

各種雑誌の広告が目に飛び込んでくるが、さまざまに工夫された見出しを眺めているだけでも、今の世の中の動向がわかる。

その中でさらに詳しく知りたい項目があれば、雑誌の名前と項目を記憶しておき、電車を降りたら書店に直行だ。ほかのものには目もくれず、その雑誌を探して、知りたい項目のページを開く。見出しやキーワードを、スキャニングやスキミングの技法を使って読むなら、5分もあれば十分。あらかじめ、狙いを定めておくことで、必要な情報を短時間で読むことができるのだ。

これは車内広告だけでなく、新聞の広告や記事でも同様である。目にして興味を引いたものがあれば、その日のうちに書店で手にとり、目次やまえがきで内容をチェックする。

もちろん、じっくり内容を把握したいときは本を購入するが、高価な本の場合、買う前に実際にその本が役立つかを評価するにも、スキャニング法は有効だ。

読書術を目的に応じて使い分ける

月に10～50冊の読書をこなせているのには、もう一つ工夫がある。

それは、読書を目的に応じて三系列に分類するのだ。

おおまかに分けて、第一系列は「情報の広さ、幅」、第二系列は「知識の深さ（専門性）」、第三系列は「こころの豊かさ」を念頭においた読書である。目的別に読書術を使い分けるのは、そうした方が時間効率が高まるからだ。

以下で、具体的な方法を一つずつ見ていくことにしよう。

1　第一系列（速読系の読書）――「書店は最新情報の発信基地」

第一系列は、主に書店で行なう読書で、これで月約30冊はこなせてしまう。「月50冊も読んだら、本代が大変だろう」と思われたかもしれないが、実は、そのほとんどを立ち読みで済ませてしまうわけだ。買うのは、その中から選んだ10〜15冊程度。だから、本代といっても月にせいぜい1万〜2万円程度である。

私の場合、会社帰りに近所の書店を利用しているが、原則として毎日、約20分程度は立ち寄るようにしている。会社帰りに一杯、と立ち飲み屋に行くという人がいるように、私も趣味で書店に行く。

義務で行なっているのではなく、本が好きなのだ。

書店に行くと、始めはいつも本の並び方を観察する。

さまざまな本があふれているが、ある本は目立つように表紙を上に平積みされ、ある本は目立たぬ書棚の片隅で、誰かが見つけてくれるのを密かに待っている。

最近は、本の移り変わりが激しく、新しい本がどんどん入ってくる反面、昨日あった本が今日はもうないといったことがよく起こる。

これらを毎日、忍者よろしく鋭く観察していると、どの本が売れ、どの本が消えていくか、社会で興味がもたれているテーマは何か……など、次第に世の中の動きが見えてくるようになる。

書店は、最新情報の発信基地。現代の世相や技術が濃縮された情報の宝庫なのである。

〈今日はどんなすばらしい本に出会えるか〉と、いつも訪れるたびにワクワクする。では、どんなふうに速読をするのか。三段階に分けてシミュレーションしてみよう。

書店でできる実践速読トレーニング

制限時間は15〜20分。書店に入る前に、時計で時間を確認しておく。

①第一段階「素読」……2〜3分程度

書店に入ったらまず、「素読（すどく）」である。これは、手に触れないで素通りしながら読むという意味で、私が勝手につけた名前である。

書店は情報の宝庫であり、日本や世界の未来の予測から、歴史、経済、科学、旅行情報まであらゆるものが揃っている。これを継続的に見ていくだけで、毎日さまざまな新しい発見がある。店頭など目立つところに並べられた新刊はもちろん、レジまわりの特集コーナーなど動きのあるところを中心に、表紙、書名、キャッチ、著者名などをざっと確かめながら、書店全体を見渡すのである。

②第二段階「触読」……1〜2分程度

次は、「触読（しょくどく）」だ。これも私がつけた名前だが、興味ある本に出会ったらそれを手で触れて、表紙、帯、裏表紙、まえがき、あとがき、目次……と、ぱらぱらと本のつくりを眺めていく。これを数冊繰り返す。

ここまでで、ほぼ5分といったところ。いわば本格速読の前のウォーミングアップだ。

③第三段階「速読」……10〜15分程度

いよいよ本番の速読だ。

わき目もふらず集中してこれにあたる。

これまで習ったあらゆる速読技術を総動員し、効率的な読書をしよう。

目次や索引などを手がかりに、必要なところだけページをめくって読んでみる。

スキミングも使えばスキャニングも使う。

メインアイデア法で一度に1パラグラフ、またはページごとのポイントを把握する。

キーワードや見出し法で数ページ、あるいは章節全体の流れをつかむ。

ぱらぱらと目を通しながら、必要な重要情報に出会ったら、少し速度を緩めて、じっくり精読して頭に入れよう。

速読の訓練の成果が出るうれしい瞬間だ。

もちろん、いちいち上下左右と目を動かしたりしないこと。

だいたい7〜8分で本の真ん中あたりに来るのが目標である。

必要のないところはスピードを上げて読み、最後まで目を通す。これで1冊完了だ。

一度の訪問で2〜3冊読めればいいが、慣れないうちは、自分が本当に必要な重要情報に一つでも出会えればそれで十分である。それで1冊とカウントしよう。

制限時間は15分といったが、疲れている時は10分程度でもOKとしている。

短い時間でも、速読術を活用すれば、相当濃密な読書ができるはずだ。

普通のスピードで読んでも、3000字程度にはなるだろう。

2・8《にっぱち》の法則なら、全体の2割を読めばいいのだから、ふだんの5倍の本を読むことができることになる。

仕事で疲れていて、単行本を読む気力がない日には、比較的読みやすい、週刊誌、写真入りのグラビア雑誌などを読めばいい。たとえ1ページ、1文章、1行でもいいから、自分に必要な情報が獲得できたと思ったら、それで1冊だ。

この緩やかな規則が実践速読を長持ちさせる秘訣なのである。

書店での実践速読でどれだけ必要な情報をヒットできるかを楽しもう。

なお、立ち読みの際のエチケットとして、最低限守ってほしいことがある。

①本を折り曲げたり汚さない。取り扱いは慎重にすること
②読んだ本は元の場所に戻しておくこと
③後ろに他のお客さんがいるときは少し場所をずらしてあげること
④買いたい本は立ち読みをした書店で買ってあげること

とくに④は重要だ。

これらを守って、書店を利用すれば、速読訓練の教材は無限である。

元来、立ち読みをする人は本好きなのだから、書店にとっても多くの本を買う、い

◆実践本読み訓練記録表

今月の目標（　　）冊　　　　　　　　　年　　月度

冊数	月日	書　　名	著者名	出版社名
1				
2				
3				
4				
5				
6				
7				
8				
9				
10				

＊参照用に作成。当表にも記入できるようにしてありますが、実際に使用するときは各自で作成してください。

いお客さんである。だから、遠慮する必要はない。

ちなみに、読んだ図書については、私はシステム手帳に書名、著者名、出版社名などを書いて記録しているが、前ページのようなリストをつくってみてもいいだろう。

2 第二系列（精読系の読書）――「速読との併用で効果を上げる」

読書で、速読とともに忘れてはならないものがある。それは精読である。

私の場合、精読系の読書は、先の速読系で選んだ本を熟読するもので、月10～15冊程度が目安となる。これは通勤電車の中や自宅で行なう。

速読は、広範囲の情報に出会う機会を与えてくれる。いわば、「情報の広さ」を教えてくれるが、精読は、書物から「知識の深さ」を味わわせてくれる。つまり、速読が情報の狩猟（ハンティング）とすれば、精読は知識を耕す農耕といった特徴がある。何が速読に適しているとかいないとかではなく、目的に応じて、読書術のもつそれぞれの特長を使い分けることだ。

いうまでもなく、本は、その道の専門家が何百時間もかけて書いたものである。書物を通した著者と読者との対話である。そのような労作を、たった1時間やそこらで全部吸収できるわけがない。

したがって、「これは自分の人生に役立つ」と思った本は、じっくりと読むべきである。

だから私は、月50冊の速読の中でも、精読したほうが良いと思ったものは購入して、ゆっくり味わいながら読むようにしている。

1冊の中でも自由に読み方を変える

1冊の本の中でも、章節の内容に応じて、各種の速読技術を併用しよう。内容や目的に沿って読み方を変えるのも大切なことだ。1冊の本の中でも、この部分は速読、この部分は精読と読み分け、スキミングやスキャニング、12段階速読術を応用するのだ。

たとえば、NHKの元・名アナウンサー鈴木健二氏も同様なことを実行していたようだ。

氏は『気配りのすすめ』など次々とベストセラーを出したが、一つのテレビ番組のキャスターをするとき、取り上げられるテーマに関連した図書を10冊程度買ってきては速読し、さらに基本となる一次資料を数冊精読したという。忙しいなかで、情報の幅も深さも極め、あのような人に感動を与える名アナウンサーとなった陰には、こんな工夫があったのだ。

また、『知的生活』を書いた上智大学の渡部昇一名誉教授も、時には、英文学の原著を1時間に何百ページも読む独自の速読術を体得しているようだが、時には、1冊の本をアンダーラインだらけにすることもあるそうだ。アンダーラインをするには、分速500字以上では厳しい。つまり精読をしないとできないことになる。

私も、ときにはマーカーで印をつけたり、余白に書き込みをするが、これによって、一つひとつの言葉を味わい、自分の心に内容を刻みつけるのだ。

忙しくても精読系読書をする方法

速読で生み出した余分な時間を精読するゆとりの時間にあてる。広く深い知識の形成のためには、速読も精読も重要だが、精読は、文字のぎっしり詰まった書物に長時間取り組むので、どうしても根気が必要だ。目や頭も疲れてくる。では、疲れず楽しく精読を継続させるためには、どうするか。

私は15分を一つの目安に読書をしている。

15分ならば、一つのことに集中できる最適時間だ。もちろん、5分間でも10分間でもかまわないが、1日の中のほんのちょっとした空き時間を利用すれば、「塵もつもれば山となる」で、その蓄積効果は大きいものだ。

理想としては、15分の読書のあとに5分の休憩を入れ、20分で1単位とする。1時間で3単位。このように区切ると、一日何単位読んだかなど、読書情報をデータ化して管理できる。読書時間は、食後に一読ならぬ「○○の後に一読」とすれば、仕事の前、通勤中、寝る前など半端な時間でも取ることができる。読書時間を蓄積していくのだ。

これが、いつの間にか巨大な読書時間となる。最初は大きな固まりのチーズでも、スライス・チーズのように少しずつ切っていけば食べやすい。15分単位で精読と速読を併用して読書を行なえば、分厚い本でも処理することができることになる。

休憩時間には、遠くを見たり、背伸びをするなどして、視力や体力を回復させよう。

こうした読書法なら、自宅の書斎はいうに及ばず、通勤電車の中、あるいは会社の休み時間なども利用できるはず。集中すれば、どんなところでも自分の書斎になる。時間がないことを理由にしていると、いつまでたっても読書はできないのだ。

10分でも、15分でもいい。半端な時間を利用しよう。もちろん、自分が興味のある内容の本や小説なら、疲れを感じずに時間を忘れて集中できるだろう。そんなときは、わざわざ時間を分割する必要はない。

臨機応変に考えよう。

3　第三系列（聴読系の読書）――「空き時間を活用する視聴覚携帯読書術」

聴読系の読書は、オーディオビジュアル（AV：視聴覚）系読書、つまり携帯電話やICレコーダー、iPod、ノートパソコンなどを利用する読書だ。最近はいろいろなコンテンツを手軽に取り込めるようになった。

オーディオ読書なら通勤電車で混雑しているときにも、また歩いているときにもできる。防水性の機器を使えば、風呂の中、洗面、ひげそり中だって読書できることになる。

携帯電話やiPodなど、視聴覚系のモバイル（移動式）機器がここ数年、爆発的に増え、いまや携帯電話は9000万台を突破する勢いだ。

こうしたモバイルに先駆けること十数年。戸外に簡単に持ち出せる聴覚系機器として考案されたのがソニーの「ウォークマン」。その後、携帯電話やiPodが発売された。これらは、爆発的ブームを呼び、いまや世界中で愛好されている。

これだけ便利な視聴覚機器ができているのに、その利便性を生かして読書をするという発想が意外に定着していない。しかし、先端的な人はこれに目をつけ利用し始めている。

たとえば、早稲田大学大学院の野口悠紀雄教授は、シェークスピアの『ハムレット』などの戯曲（英語）を通勤中に聴くという。東京では朝の通勤中にビジネスパースン向けのラジオ放送が流されていて、これを聴く人も多いという。

聴覚系の読書は、こんな点が優れている。

①時と場所を選ばず聴ける

混んでいる電車でも、歩いているときにも。つまり、半端な空き時間を有効に活用できるのだ。自由時間が少ない多忙なビジネスパースンには願ってもない長所だ。

②眼が疲れているときでも耳で聴ける

パソコンや資料読み、テレビなどで目を酷使している人には、とくにありがたい。

③耳で聴いて想像するのでイメージ力や創造力が活発化する

ある有名なテレビドラマのプロデューサーによれば、誰かに吹き込んでもらった小説を聴くと、生き生きと場面をイメージでき、頭の回転がよくなるという。

④何度も繰り返し聴ける

ポーズや中止ボタン、巻き戻し、早送りなどを用いて何度でも聴ける。

⑤眼が疲れないので、長編大作でも簡単に聴ける

私も、モバイル系機器が市販されるずっと以前から、この利点に注目し、いろいろ試してきた。講演会のスピーチを録音して、歩きながら聴いたこともある。はじめは音楽を聴いたが、やがて図書館のテープを借りて、聴くようになる。あるときはテレビのトーク番組、対談、フォーラムなどをビデオにとり、そのあとテープにダビングして聴くこともあった。今は専らｉＰｏｄを活用している。

こころを豊かにする名作古典の読書テープ

多くの本を読まなければならないと知りながら、その時間がない。またこころや人

生を豊かにする名作を読みたいと思いながら、何かと多忙で雑用に追われている普通のビジネスパースンはそれができない。

そんなときに助けてくれるのは、ICレコーダーなどの聴く読書である。

満員電車の中で、まわりからギューギュー押されながら、からだはガチガチに固くなっていても、イヤホーンならば、こころの中は香り高き名作の世界である。

夏目漱石、芥川龍之介、トルストイ、ドストエフスキー、宮沢賢治などの文豪、詩人が、入れ代わりに自分を訪れて、疲れたこころを癒してくれる。人生とは何か、生きるとはどういうことか……こうした問題を考える機会を与えてくれる。

耳で聴いて、こころの中で考える。作者とともに、主人公とともに、世界を旅し、世界を見て、その経験を通して自分を確認するのである。つまり、聴覚系の読書は、こころに豊かさをもたらしてくれるのである。

私も、多忙なビジネスパースンの一人だった。こころの渇きを覚え、また本で読む読書も目が疲れて限界があるところから、このような古典の名作を耳で聴こうと探し回った。

最近では、CD・DVDブックも書店で見かけるようになったが、まだ価格も高く、短編や抄録編が多い。図書館にも少しは置かれているが、その数はまだ少ない。

値段が安くて、購入しやすく、こころを豊かにするような名作古典の音声はないものか。

これが、なかなかない。それならば、いっそのこと自分で作ってしまおう。そうすれば、多くの人にも役に立つだろう。

そう考え、健康英知研究所で私が企画制作したのが、「こころと人生を豊かにする」名作古典朗読一〇〇作品シリーズである。ビジネスパースンや主婦から、視力が衰え目で読むことが困難になっている方も、電車の中や歩行時間などを利用して名作を楽しむことができる。この中には、夏目漱石、宮沢賢治、芥川龍之介ら日本の作家から、トルストイ、エミリー・ブロンテ、ドストエフスキーなど海外の著名な作家まで、名作古典がそろっている。専属の女性ナレーターによって全文省略なしで朗読されているから、経済的に心ゆくまでその名作を味わうことができるだろう。

脳力開発のための4倍速で聴く研修オーディオ音声

このほか、多忙なビジネスパースンや学生のために、筆者が企画したものに脳力開発のため4倍速で聴くCD‐ROM版もある。

ビジネスパースンにとって、自分の頭脳とその脳力アップは何よりも大切だからだ。

この4倍速で聴く読書テープは、医学・健康学を専門とする筆者が、速読・精読技術によって、何千という医学関係の書物の中から、心身健康向上・脳力開発に役立つ重要ポイントを自分の知識と経験を通して抽出し、重要法則としてまとめたもので、脳力革新・活性化、ストレス処理・活用、人生成功、自己実現、必勝・常勝、自己能力・能率向上などについて、2倍速、3倍速、4倍速の研修講演音声（MP3版）とテキスト一式からなり、最新鋭コンピュータ音声処理方式により、高速でも音声が聴き取れるようになっている。4倍速で聴く高速の聴覚刺激により、理解力、基礎速読力、思考力、企画力、創造力などの脳力や頭脳回転力を4倍にパワーアップすることを目的としている。

★これら「読書用音声」に興味をもたれた方、さらに本格的な速読訓練をしてみたい方は、左記のホームページをご覧ください。いずれも高品質・低価格の限定商品です。

EV1【速読自己訓練コース】速読セミナー2日間の映像DVD－R版

B【四倍速で聴く研修コース】心身の健康向上・脳力開発に関する2、3、4倍音声とテキスト一式

C【四倍速で聴くパソコンソフト】どのような音声でも、8倍速まで自由に調整できるソフト

D【名作文学朗読音声】日本・世界の名作文学一〇〇作品の朗読音声（CD‐R入りMP3版）。

EV2【ブレインマッピング思考法研究所】図解マップ発想法セミナーの映像DVD‐R版
＊ホームページでも最新情報を公開しています。
健康英知研究所【アドレス http://www.saitohope.com/】

大倒産時代に生き抜くための読書術

現在の日本は、大企業も倒産し、金融不安、リストラ、改革などの言葉が頻繁に飛び交う激動の時代を迎えている。このようなとき、ビジネスマンはどのように備えたらいいのだろうか。

銀行の重役を務めたあと、作家となった山田智彦氏は、ある雑誌の特集記事で「大倒産時代に生き抜くための対策は、一にも勉強、二にも勉強で、自分の頭を磨け」といい、自分の専門分野およびその周辺を勉強するのはもちろんだが、①大脳生理学、②経済学、③文学、④歴史、⑤哲学、⑥インターネット関連といった六つの分野での勉強を勧めている。

これをもとに、私なりに、もう少し具体化してみよう。

①脳・精神科学

ビジネスパーソンにとっては、これから何よりの資産となる自分の頭脳を磨き、回転を一層よくするための方法を学ぶ。脳内ホルモンや脳波など、脳の科学は日々進歩しているので、わかりやすく書いてある脳科学の本を選び、これを学び応用していくことには収穫が多い。

★おすすめの著者……茂木健一郎、川島隆太、池谷裕二など

②経済学

資本主義体制下にある現在の世界と日本は、経済を中心に動いているので、経済がわからなければ、的確なビジネスを企画していくこともできない。したがって、現実を踏まえながら先見力や未来予測力をもっている人物の著書を読む必要がある。ただし、一人だけの見解に頼らず、内外のさまざまな意見に耳を傾けるべきである。

★おすすめの著者……長谷川慶太郎、大前研一、日下公人など

③文学

人生とは何か、自分とは、自分の生きている意味と役割、これらを教えてくれるよ

うな名著、古典など。このようなことを学ばないと、人生の中で何が自分にとって価値があるか判断を誤り、やることの優先順位が狂ってしまう。たとえ、仕事で大成功したとしても、後から、その虚しさに後悔するようなことにならないようにしたいものだ。

★おすすめの著者……夏目漱石、芥川龍之介、宮沢賢治など

④歴史

歴史は現在や未来で繰り返す部分がある。過去の歴史だけにこだわってはならないが、歴史を振り返れば、ある程度、将来の見通しのずれも少なく予見することができる。「温故知新」という言葉があるように、未来を予測し、先手を打っていくためには歴史の学びは必須である。

★おすすめの著者……堺屋太一、司馬遼太郎、童門冬二など

⑤哲学

学者の書いた難解な哲学よりも、著者自身が消化して、他の人にわかりやすいように書いた本が望ましい。たとえば、ベストセラーになった『ソフィーの世界』(ヨー

スタイン・ゴルデル、日本放送出版協会）のように現実に密着した人間論や世界論を展開し、いかに生きていくべきか、仕事をしていくべきかを教えてくれる本である。文学が登場人物の生涯などを通して間接的に語るのに対して、哲学は著者自身が到達した考えを直接知ることができる。こんな考えもあるのだと、自分の人生哲学形成のために参考にしてみるのもいいだろう。

★おすすめの著者……稲盛和夫、松下幸之助、齋藤孝など

⑥インターネット

今や、インターネットは、情報収集のために欠かせないツールとなった。本を読むよりもまずパソコンをいじってインターネットに接すれば、自ずと、それをうまく操作するために、関連図書を買って読みたくなる。他人がやるから自分もやるのでなく、好きだから、そして、新しい時代に活躍できるようになるためにも希望と期待をもってやっていくことで、自然に身についてくる。

★おすすめの著者……野口悠紀雄、立花隆、ビル・ゲイツなど

評論家、江坂彰氏によると、さまざまな勉強法のうち、もっとも優れているのは書

物による勉強だという。書物は、考える力を養い、かつ何百万冊（種類）もある分野から、各個人のニーズに最適の本を自己教育の教材として選べるからである。つまり、個性と独創性が求められる今日の時代に、書籍は最高の個人別自己教育のツールであるということだ。

しかし、その書物の選択も偏りがあってはいけない。バランスが必要だ。

聖マリアンナ医科大学の長谷川和夫名誉教授によると、ベストセラーの新刊書ばかりを追っ掛けるのは受け身的読書であり、こうした読書方法をとっている人には中年の男性が多いという。

もちろん、新時代の情報を盛り込んだ新刊書を読むことも必要だが、まだ時代の評価選別を経ていないベストセラーの新しい本ばかりに傾倒していると、自分の生き方、考え方がそれらの本に振り回され、自分の精神・哲学形成の骨格部分が疎かになる。

これでは、基本骨格のできていない落ち着きのない人間になってしまう危険がある。しからば、どんな本を読めば確固たる人生の骨格を築くことができるか。

教養人、読書人としても知られる昭和電工名誉会長の故鈴木治雄氏は、ビジネスパースンに会うたびに古典（文学、哲学、歴史など）を読むことを勧めていたという。

そして次のようなことをいっている。

「現代は、車が欲しい、家が欲しい、お金が欲しい、もっともっと快楽を、といった享楽時代にある。しかし人間はこれだけで満足できるものではない。こんな時代にこそ自分が生きることにはどんな意味があるのか、自分とは何なのかなどと、より深く求めたくなる。このようなときに古典は有効だ。なぜなら、古典は長い時代の中で、変わらず、人々のこころに生きる意義と喜びを与えてきたからである」

　確かに古典は、長い時代をくぐり抜け、人々から愛されてきた。超ロングセラー、超ベストセラーなのである。多くの人々を励まし、喜びを与え、こころと人生を豊かにしてきたからこそ、何十年、何百年経ってからも、今なお読み継がれているのである。

エピローグ

親愛なる読者の皆さま、こんにちは。著者の斉藤英治です。

本書を手にとっていただき誠にありがとうございます。思えば、今から22年前の1986年、46歳のとき、私は仕事上でたくさんの書類を読まねばならない立場となりました。必要に迫られたとき、偶然、速読に出会いました。このことは、私の人生にとって、最大・最良の出会いの一つだったと言えます。

速読といっても、日本、そして世界にはいろいろな流派や種類があります。その効果は、実際に速読を実践した人に、どのようなポジティブな変化が起こったかを見ればわかります。私の場合は、速読に出会ったお陰で、短時間でたくさんの書籍を読めるようになりました。なんといっても、書籍の中で、数多くの優れた知識人や良質の知識に出会い、人生が良い方向に一変していったことが速読によってもたらされた最大の恩恵だと感じています。その後に、「能力アップと健康医学」をライフワークと

大量・高速・高品質の情報処理能力サイクル

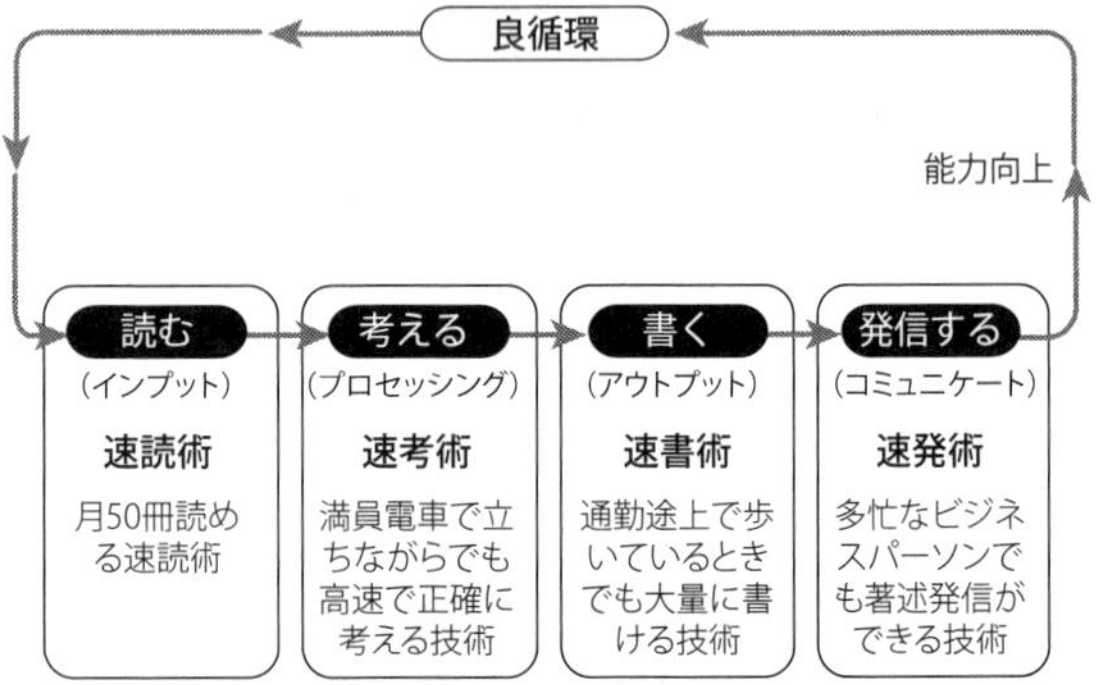

定め、この分野で著書39冊を出版することができました。また、大阪のある大学院大学では、教授として教鞭をとる立場にもなりました。

かつて、平凡だった私は、速読と出会ったことで人生がすばらしい方向に転換していきました。このことを思うとき、ぜひ、この速読技術を、多くの人に知ってもらい、すばらしい人生を歩んでほしいと思うようになり、本書を執筆いたしました。

本書で紹介するのは、実際に私が開発して実践し、効果のあるものと認定した、日・欧米の精選速読技術32種類です。これらは、東芝、富士フイルム、東京電力など、多くの大手企業で、私が長年、講師として実習し、ビジネスにも役立つと認知された速読術です。

この精選速読技術32種類は、「目を速く動かして魔法のように何万字も速く読める！」というように読書スピードを上げるのが目的ではありません。速読によって、ビジネス効率や実績向上に役立たせ、読者がすばらしい知識の果実を受け取ることを目的としています。本書で、32種類の速読技術をすべてトレーニングできるようになっています。

分かりやすく相撲を例にとってお話ししましょう。相撲では48の決まり手があり、稽古では、それらを満遍なく行ないます。しかし、実際の土俵に上がると、自分の得意技、例えば上手投げなどそれぞれの力士の得意技で勝つことができるのです。

速読もまったく同じです。まず、本書で、ひと通り32種類の精選速読技術の理論学習を体験していただきます。その中から、ご自分の得意技数種を発見してそれを組み合わせて頂ければ、それらを使って、30分に一冊でも、理解率80％で、らくらくと楽しみながら、本を読むことができます。

自分の得意技からスタートでき、自分の読みたい本でトレーニングできるのが長所です。本書により、訓練を実施した時点から、読書は苦痛ではなくなり、何の分野でも自分が学びたい知識を自由自在に楽しく獲得できるようになるでしょう。趣味と実益と読書訓練の一石三鳥の成果が得られます。

特に最近は、ITウェブ情報革命によって、世の中の情勢が刻々と変化しており、スピードと知識が備わった人が勝つ時代に突入しています。このような激しい変化の時代を乗り切って頂くことをサポートするために、ソフトバンク クリエイティブ学芸書籍編集部吉尾太一編集長、坂井美紀様のお計らいで、本書が出版されることは、まことに時宜を得たことと思い、読者の皆様のお役に立てることをたいへんうれしく思っております。

２００８年６月

斉藤英治

本書は１９９８年８月に日本実業出版社より単行本として刊行された書籍を編集、文庫化したものです。

すごい速読術《そくどくじゅつ》
ひと月《つき》に50冊本《さつほん》を読《よ》む方法《ほうほう》

2008年6月30日　初版発行
2010年7月 6 日　第3刷発行

著者　斉藤英治《さいとうえいじ》

発行者　新田光敏

発行所　ソフトバンク クリエイティブ株式会社
〒107-0052　東京都港区赤坂4-13-13
電話03-5549-1201（営業部）

印刷・製本　中央精版印刷株式会社

イラスト　北村裕子／(有)ケイデザイン

装丁　郷坪浩子

フォーマット・デザイン　モリサキデザイン

本文組版　谷敦

落丁本、乱丁本は小社営業部にてお取り替えいたします。
定価は、カバーに記載されております。
本書に関するご質問は、小社ソフトバンク文庫編集部まで書面にてお願いいたします。

　ISBN 978-4-7973-4732-6